まちがキャンパス

アクティブ・ラーニングが学生と地域を強くする

編著　眞鍋和博・石谷百合加
高橋秀直・坂本毅啓・金丸正文・村江史年・石川敬之

梓書院

421Lab.

北九州市立大学 地域共生教育センター

Regional Symbiosis Education Center

本書出版にあたっては、北九州市立大学平成29年度学長選考型研究費B（出版助成）の助成を受けました。ここに記すと共に感謝申し上げます。

はじめに

地方消滅、大学淘汰、日本型雇用システムの崩壊という言葉を聞いたことはありますか？あるいは、これらの問題に対する政策や施策としての地方創生や大学改革、人材育成システム改革という言葉を耳にしたことがあるかもしれません。もちろん、これらのすべてについて耳にしたことがなかったとしても、本書を手に取った読者の皆さんは、おそらく1つくらいは聞いたことがあるでしょう。

現在の教育、とりわけ教育内容や方法が大きく変化しています。例えば、学歴偏重主義や知識偏重主義の是正に伴って、ゆとり教育の導入や総合的な学習などが設置されました。その一方で、読み・書き・そろばんに代表される基礎学力の低下が指摘され始めました。この結果、大学には、基礎的学力のかけた学生が送り込まれるようになり、大学は専門的な教育に加えて、基礎学力の向上のための教育も行わなければならなくなりました。

このような教育界の変化に加えて、産業界からも大学教育についての要望が変化していきました。日本企業はバブル崩壊後の不景気により従来からの人材育成を行うことが困難になりました。若手社員に対する研修だけでなく、ＯＪＴ（on the job training：日常の業務に就きながら行われる教育訓練のこと）を通じた実務的・実践的な教育が継続的に行われていましたが、コスト削減の一環として社内研修費を削減しました。また、人員削減を行うとともに、採用を抑制したことで人のつながりが途切れ、ＯＪＴは機能不全となり、実務上に必要な知識の伝承も断ち切られてしまい、その結果、企業は大学に実践的な教育を求めるようになっていきました。実践的な教育には、専門的な知識に加えて、経済産業省の提唱する社会人基礎力、厚生労働省が提唱する若年者就業基礎力といった社会で仕事をするために必要な能力の育成も含まれており、本来の役割である専門的な学問教育に加えて、基礎的な教育と実践的な教育も現在の大学は提供しなければなりません。大学の役割として、社会的な貢献を求められるにつれて、「役に立つ」大学として実践的な教育が望まれています。

大学に求められる役割である基礎的な教育や実践的な教育、専門的な学問教育という3つをより有効かつ効率的な手法として、アクティブ・ラーニングという手法が注目されました。この手法は、従来の講義を中心とした知識伝達だけではなく、ディベートやディスカッションといったグループ討議なども用いることで、主体的な学びを促進させ、知識の定着と応用力を育もうというものです。近年では、地域課題の解決に貢献するというサービス・ラーニングの手法や企業の課題解決に関わるＰＢＬ（Project-Based Learning：課題解決型学習）という手法が紹介され、個別の教員が演習や講義のレベルで用いていました。現在ではカリキュラムに導入する大学も増えてきました。

一方で、地域に目を向けると、少子高齢化に伴って、とりわけ地方において衰退が加速していきました。都市部への若者の流出やシャッター商店街に代表されるような地方経済の衰退、お年寄りの一人暮らしや空き家問題など地方は様々な課題を抱えています。このような課題を解決するためには、行政だけでなく、ＮＰＯ法人などの非営利組織、民間企業など地域の様々な主体が関わっていくことが重要になってきました。このような地域の現状を変える主体として、当該地域以外の人（よそ者）や若者が特に注目されています。閉塞した地域は、よそ者や若者の発想や行動力を求めていたのです。とりわけ、大学生は、若者であり、また場合によってはよそ者でもあり、専門的な学問も学んでいることから、大きな期待が寄せられました。

若者の社会貢献意欲も１９９５年の阪神・淡路大震災以降高まっています。同年はボランティア元年と呼ばれ、多くの人がボランティア活動などを始める契機となりました。近年の災害ボランティアを例にするまでもなく、実際に多くの若者がボランティア活動を行っています。大学生も教室だけの学びに違和感を持ち、地域に飛びだしていく者もいました。

確かに、サービス・ラーニングという手法は、経済界や大学、地域、学生のどの立場からも一見すると好ましい手法であるように思われます。その結果として1つのブームのようになっています。

しかしながら、地域と大学が連携することだけで、地域の課題が解決したり、大学が社会に貢献していることになったり、学生が成長したり、即戦力となる人材が育成できるわけではありません。実際に活動を行う地域と大学をみても、その背景や求めるものが異なります。そのため単に連携して活動を行うだけでは、地域や大学のどちらかにとっては有意義なものであっても、他方にとっては無意味なものになってしまう可能性があります。それを回避するためには、地域と大学の双方（学生を入れれば三者）にとって有意義なものにするための仕組みや調整が必要になります。

本書は、北九州市立大学地域共生教育センターの9年間の取り組みから、どのように連携すればいいのか、どのように学生の学習に結びつけたらいいのかといった仕組みやノウハウを紹介しています。この9年間での取り組みにおける成功や失敗、苦悩や歓喜といった試行錯誤を繰り返してきた中で生まれてきた現時点での仕組みやノウハウです。執筆者は皆、センターや大学での講義や演習を通じて、大学生の教育や地域の課題について議論したり、活動している教員達です。我々の地域と大学との連携に関する考察や意識している点などが惜しみなく披露されています。もちろんこれらが最適な方法というつもりはありません。むしろ、本センターの仕組みやノウハウを提供することで、より地域や学生にとって効果のある方法を議論するための土台になることを執筆者一同が願っているところです。

平成31年1月

著者一同

もくじ＊まちがキャンパス

―アクティブ・ラーニングが学生と地域を強くする―

装幀／木村 由巳夫
表紙イラスト／モトムラ タツヒコ

序章
地域共生教育センターとはどのような場所か

石谷百合加
高橋 秀直

この本の主役は、北九州市立大学地域共生教育センターが提供する人学と地域の連携活動を行っている大学生と地域の人たちです。

清掃活動、災害支援、防犯活動、学校支援……

よくある活動の中で起こった素敵な物語、そういう物語を生み出すための仕組みやノウハウを紹介していきます。日常的な活動の中で生まれている一つひとつは小さいけれど、学生個人にとって、あるいは地域にとってとても大きなエピソードです。おそらく、これらのエピソードは、私たちが日々の暮らしの中で忘れかけている大切なことを思い出させてくれると思います。

そのような素敵なエピソードを紹介する前に、北九州市立大学地域共生教育センターがどのようなところなのか、そして、どのような活動を行っているのかなどを紹介しましょう。

北九州市立大学地域共生教育センター「地域につながる、自分をひろげる」

北九州市立大学地域共生教育センター（通称：421Lab.）[注1]は、地域社会における実践活動を通じ次世代を担う人材の育成を目指すとともに、地域貢献活動の一翼を担うことを目的に、平成22年4月に設置されました。

４２１Ｌａｂ．は、地域の課題と大学の教育を繋ぎ、地域を活動フィールドにして、様々な課題を教育プロジェクトとして取り組むことで、地域と大学がともに成長していく社会づくりを進めていく役割を果たしています。ここでは「地域貢献」、「人材育成」、「情報交流」、「連携促進」、「相談窓口」、「研

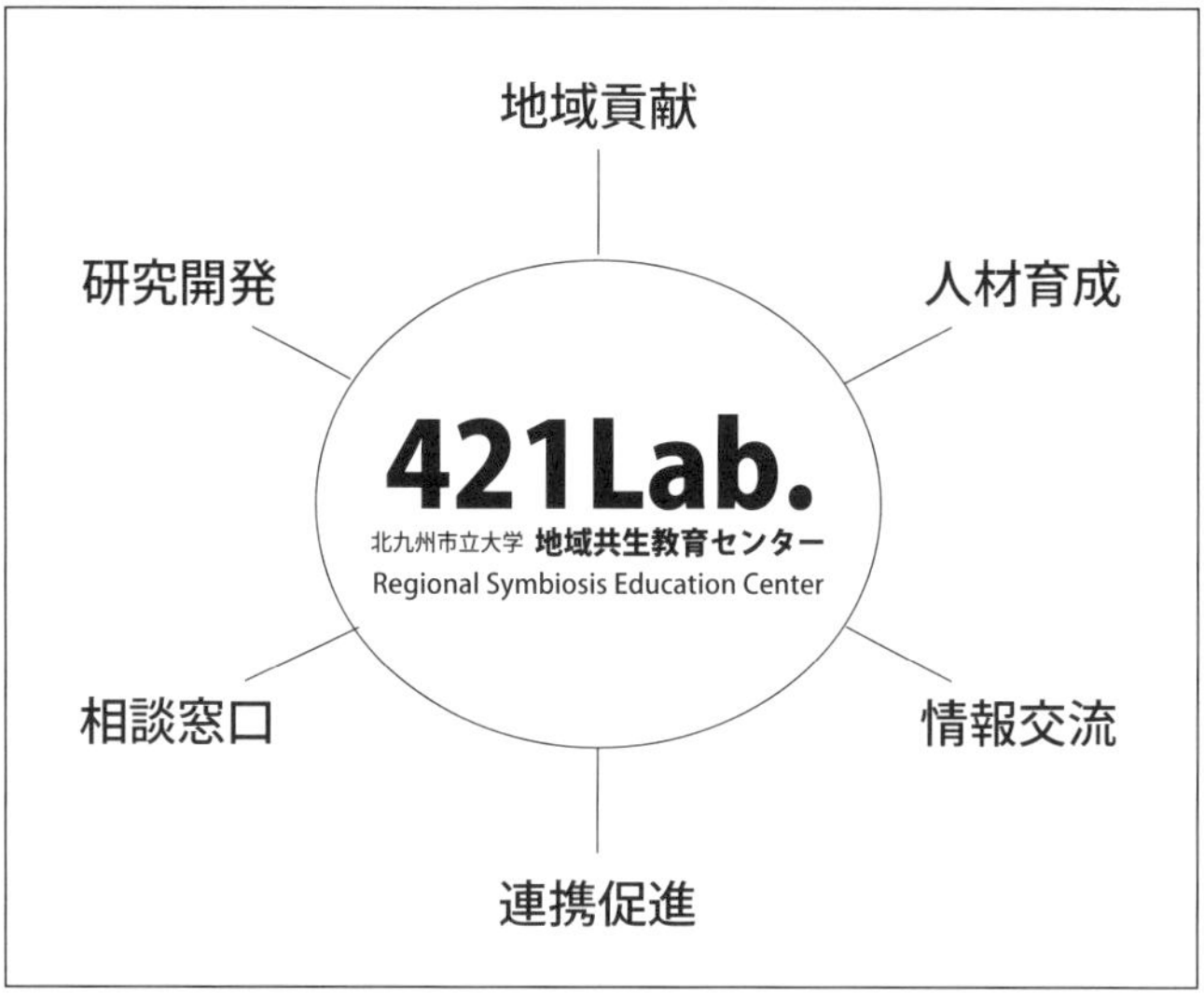

421Lab.の6つの理念

学生と地域をつなぐ場所、421Lab.
（ヨン・ニー・イチ・ラボ）の入口

究開発」の6つの理念を柱に、地域と大学がお互いの得意分野を生かして共に成長する社会づくりに取り組んでいます。

全学部の学生を対象として、課外における地域や学内における実践活動の情報を一元管理し、学生へ掲示やメール配信で情報提供を行っています。地域からの要請により教育プロジェクトの開発や活動支援、地域活動に関する講座などを開き、学習の機会をつくっています。

また、教員の地域活動支援のための相談受付や地域からの協働や連携の相談に応じています。

ポイント① 学生の関心が高い

大学生は、地域と連携した実践活動に対して、どのように思っているのでしょうか。その関心度について、421Lab.の登録者数の推移から見てみましょう。開設当初の平成22年度は約400人でしたが、その後、年々増加して、現在平成30年度では、約2000人とおよそ5倍になっています。

しかし、実際に活動に参加できる学生は約1000人に留まります。なぜならば、現代の大学生は、

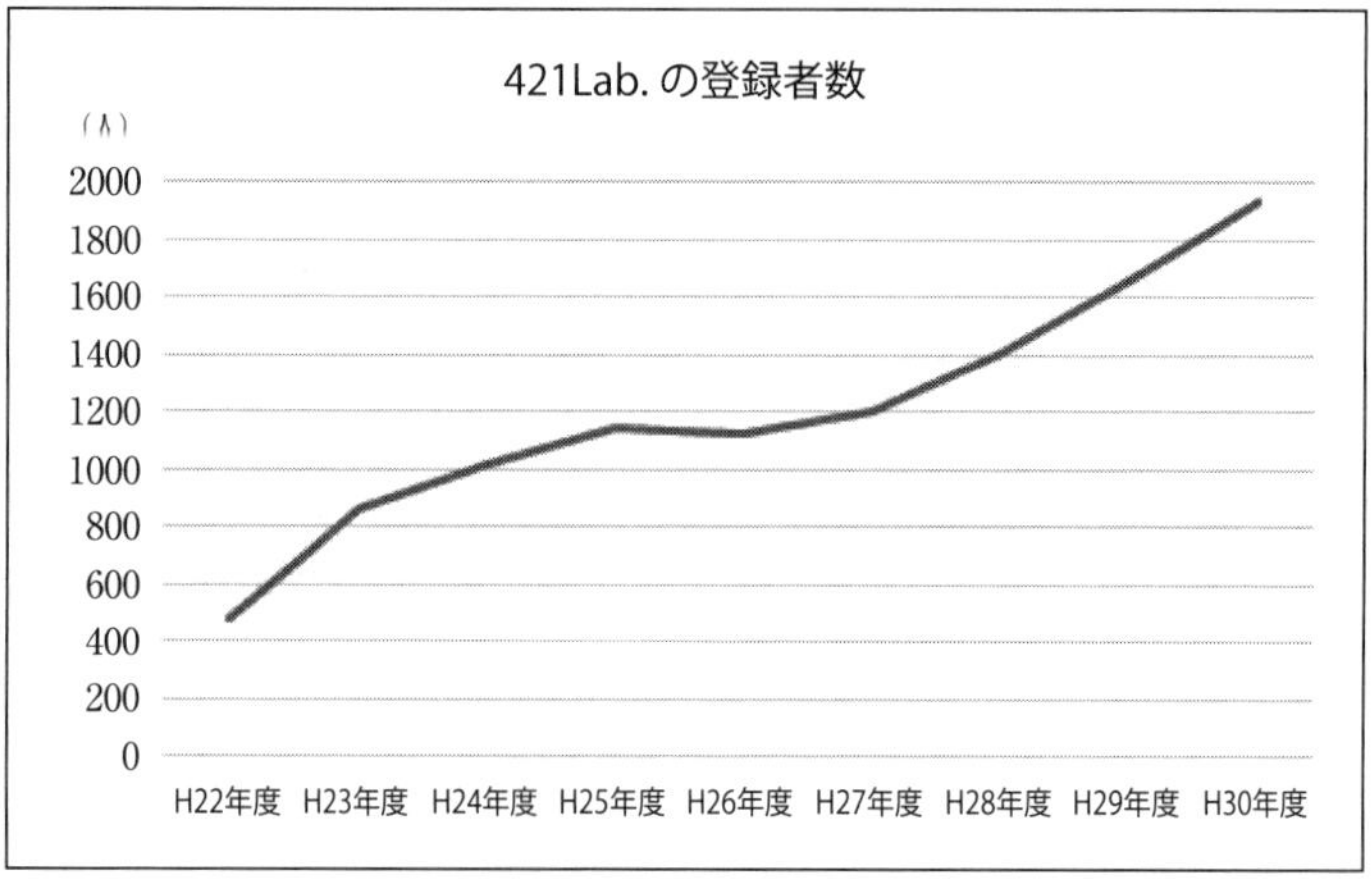

講義以外にもサークル活動や部活動、アルバイト、ゼミ、仲間との付き合いや旅行など、限られた時間の中で様々なことを行い、大人が考えているよりも忙しいからです。とはいえ、約２０００人が関心を示しているのは、本学が、授業やオリエンテーションなど様々な機会を使って地域活動の紹介や報告をしているためです。

最近では、「○○の地域連携の活動がしたいからこの大学に入学を決めました」という学生も増えてきました。オープンキャンパスでも大学に訪れる高校生を案内する際に、大学の特徴として、地域との連携活動に積極的な点についても紹介しており、高校生の志望動機や４２１Ｌａｂ．のプロジェクトへの関心の高さにつながっています。

ポイント② 地域の課題をベースとしたプロジェクトを継続

「大学が地域連携をする」というと一般的に過疎に悩む中山間地域の活性化やシャッター商店街の再生などをイメージされる方が多いかもしれませんが、４２１Ｌａｂ．で行われている地域連携は、まちづくりや子ども支援を中

活動の類型

ジャンル	活動例	ジャンル	活動例
子ども	学習支援	環　境	清掃活動
	居場所づくり		環境イベント
	学童支援		修学旅行生ガイド
	幼児向け英語ふれあい		公害克服の歴史編纂
まちづくり	文化発信	被災地支援	現地での災害支援活動
	防災		地元での復興支援
	ファッション	国　際	国際交流
	多文化共生		途上国支援
啓　発	食育	企　業	商品開発
	動物愛護	情報発信	ラジオ番組企画
	防犯		フリーペーパー寄稿

これまでの地域活動一覧

	内容	プロジェクト名	活動年数	22	23	24	25	26	27	28	29	30
1	421Lab.運営	学生運営スタッフ	9年	◀	─	─	─	─	─	─	─	▶
2	環境	エコスタイルカフェ	6年	◀	─	─	─	─	▶			
3	環境	環境ESDプロジェクト	1年						◀▶			
4	環境	青空学プロジェクト	4年						◀	─	─	▶
5	環境	地域クリーンアッププロジェクト	3年							◀	─	▶
6	環境	北九州市環境修学旅行　案内ガイド	2年		◀	▶						
7	企業連携	ソニーと連携小型電子機器リサイクルプロジェクト	1年	◀▶								
8	企業連携	北九州の魅力を伝える企画体験プロジェクト	2年						◀	▶		
9	企業連携	食品ブランド化プロジェクト	2年				◀	▶				
10	国際	国際交流プロジェクトFIVA	4年						◀	─	─	▶
11	国際	TABLE FOR TWO ×KITAGATA	4年						◀	─	─	▶
12	子ども支援	城南中学校学力UPプロジェクト	5年	◀	─	─	─	▶				
13	子ども支援	学生ボランティア	4年	◀	─	─	▶					
14	子ども支援	桜丘小学校学習支援プロジェクト	2年								◀	▶
15	子ども支援	まきやま村サマースクール	1年		◀▶							
16	子ども支援	ハッピーバースデープロジェクト	9年	◀	─	─	─	─	─	─	─	▶
17	地域活性	九州フィールドワーク	1年	◀▶								
18	子ども支援	子ども食堂応援プロジェクト	2年								◀	▶
19	災害支援	東日本大震災関連プロジェクト	8年	◀	─	─	─	─	─	─	▶	
20	障がい者支援	障がい者パティシエ育成プロジェクト	3年	◀	─	▶						
21	障がい者支援	百瀬ミュージックボランティア	4年	◀	─	─	▶					
22	食育	食と農業まなび場プロジェクト	3年							◀	─	▶
23	男女共同参画	男女共同参画センタームーブ活動プロジェクト	1年		◀▶							
24	地域活性	北九魂―スピリット(CROSS　FM番組制作)	5年	◀	─	─	─	▶				
25	地域活性	北九州ドリームサミット	2年	◀	▶							
26	地域活性	猪倉農業プロジェクト	5年	◀	─	─	─	▶				
27	地域活性	「ゆるキャラ」プロモーションプロジェクト	1年	◀▶								
28	地域活性	Fashion Network プロジェクト	8年	◀	─	─	─	─	─	─	▶	
29	地域活性	ギラヴァンツ北九州応援プロジェクト	3年	◀	─	▶						
30	地域活性	漫画ミュージアム　学生サポーターズ	2年	◀	▶							
31	地域活性	ひまわり実行委員会	2年	◀	▶							
32	地域活性	YAHATA"HAHAHA!"PROJECT	9年	◀	─	─	─	─	─	─	─	▶
33	地域活性	ミュージックフェスタ	1年	◀▶								
34	地域活性	開設35周年市場まつり　アンケート調査	1年	◀▶								
35	地域活性	九州B－1グランプリ	1年	◀▶								
36	地域活性	起業祭	1年		◀▶							
37	地域活性	ブルーベルトプロジェクト	1年		◀▶							
38	地域活性	「文学の街・北九州」発信プロジェクト	4年						◀	─	─	▶
39	地域活性	三萩野バス停モラル・マナーアッププロジェクト	1年									◀▶
40	動物愛護	学生・いぬねこを守る会	3年							◀	─	▶
41	平和活動	「平和の駅運動」プロジェクト	2年								◀	▶
42	防犯防災	防犯・防災プロジェクト	9年	◀	─	─	─	─	─	─	─	▶

43	学内プロジェクト	オープンキャンパス学生スタッフ	9年	←								→
44	学内プロジェクト	キャリアーナ	9年	←								→
45	学内プロジェクト	学内合同企業説明会　「JOB×HUNTER」	8年		←							→

心に、環境、被災地支援、国際、啓発、企業連携、地域の魅力発信など、幅広いジャンルの活動が行われているのが大きな特徴となります。これらのプロジェクトは、1年間のサイクルで活動を行っており、平均すると常に15件のプロジェクトが同時進行で動いています。このような活動は、421Lab.の開設から9年間で合計すると45件にも上ります。

1日限りの活動（例えばイベント）や短期間の活動を含めればさらに多くの数になります。もちろん1年間で役目を終えて終了するものもあれば、9年間に亘り現在も継続しているものもあります。プロジェクトの活動の状況によって地域と大学で調整しながら活動する期間を決めています。

ポイント③　学生運営スタッフの存在

学生の関心が非常に高く、地域からも求められる存在である421Lab.の活動を行う上で、重要な役割を果たしているのが、学生運営スタッフです。これだけ多くの学生や地域の人をきちんと管理・調整するには、数人の教職員だけでは手が回りません。学生がセンターの運営に関わることで、上手く回っているのです。学生運営スタッフは、様々な学部から一般公募で集まった学生と本学地域創生学群の実習先として派遣された学生の合計50人（平成30年度実績）で構成されています。

学生運営スタッフの役割は、⑴センターでの様々な業務の補助、⑵プロジェクト参加学生の相談などへの対応、(3)広報活動、(4)自らの地域活動への参加（情報共有、成功モデルの横展開など）の4つです（詳細は第5章を参照のこと）。

学生運営スタッフがいることで、多くの学生が集まったり、非常に多くの活動を同時並行で実施でき、かつ活動を通じて学生も成長しているのです。

ポイント④ 社会で求められる力が向上

地域連携活動は大学生の自主参加によるもので、多くの体育会活動やサークル活動と同様に、プロジェクトに参加することも辞めることも自身の判断に委ねられています。しかし、421Lab.で行う活動とサークルなどの課外活動の大きく違う点は、活動を通じて大学で得た知識を活用したり、経験を振り返ったりすることで自身の能力の向上を前提としていることです。

そのため、活動を通じてどのような能力がどの程度向上しているかといった変化を把握するために、本学では独自の評価指標を構築し、活動前後に測定をすることで、学習の効果について検証を行っています。平成27年度調査では、活動前後で、課題発見力、計画遂行力、自己管理力について、統計的に有意差が見られ、それらの力が向上していることが分かりました。このような効果検証は毎年行っており、個人の能力変化の把握だけでなく、プログラム内容の改善などの参考にしています。

本学で構築した評価指標「実践活動力」は、社会人基礎力（経済産業省、2006）や就職基礎能力（中央職業能力開発協会、2004）などをベースとした統計的な根拠を持つ評価指標です。社会人基礎力は、前に踏み出す力（主体性、働きかけ力、実行力）、考え抜く力（課題発見力、計画力、想像力）、チームで働く力（発信力、傾聴力、柔軟性、状況把握力、規律力、ストレスコントロール力）という3つの能力と12の能力要素からできています。この実践活動力が向上するということは、社会人基礎力のような能力あるいは能力要素が向上しているということを意味しています。そのため、社会や職場で活かせる能力の向上という点において、一定の教育効果を見出しているといえます。

実践活動力

コミュニケーション力	他者との豊かな関係を築く力
課題発見力	多面的な視野から状況を判断し、問題の本質を見抜く力
計画遂行力	論理的、創造的にものごとを考える力
自己管理力	様々な出来事を上手く処理しながら自分自身をマネジメントする力
市　民　力	社会人として常識をわきまえて、主体的に行動する力

地域活動における力の伸長

実践活動力	活動前	活動後	差（後－前）	Pr>t
コミュニケーション力	3.41	3.45	0.04	0.40
課題発見力	2.92	3.10	0.18	0.00
計画遂行力	3.30	3.41	0.11	0.00
自己管理力	3.29	3.41	0.12	0.04
市　民　力	3.68	3.77	0.09	0.22

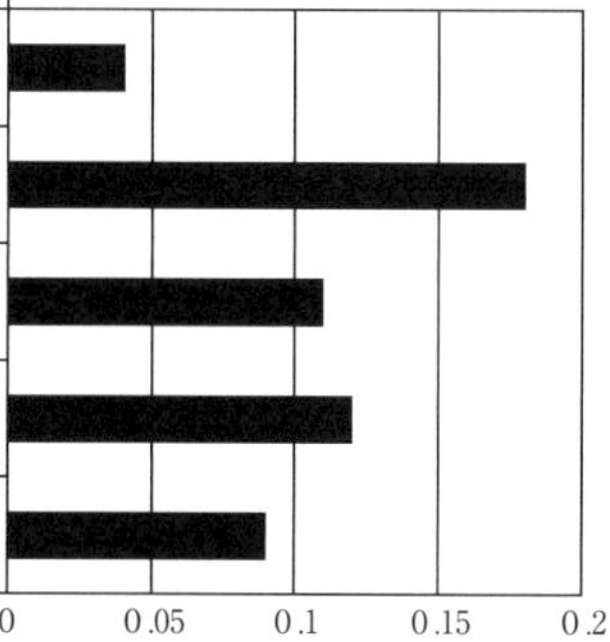

平成25年度調査　n=150

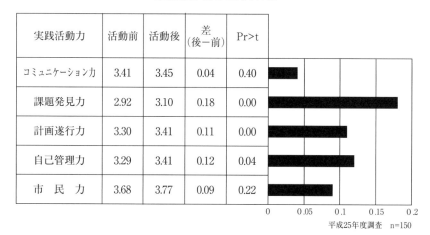

ポイント⑤　地域貢献度ランキング1位

日本経済新聞社が平成18年度から行った大学の地域貢献度に関する全国調査で、本学は過去10回の調査中、全国第1位となった2回を含め、10位以内に9回ランクインされました。この調査は、大学が人材や研究成果をどれだけ地域振興に役立てているのかを探るため全国748の国公私立大を対象に実施した調査です。このランキング上位に入った要因の1つに、421Lab.で行われている地域と学生の地域連携活動が活発であることが高く評価されたことが挙げられます。

また、文部科学省が大学改革の柱の1つに位置付ける「地域再生の核となる大学づくり」の実現に向けて、より一層大学の地域貢献に対する注目が高まったこともあり、地域貢献を担う担当部局の教職員が、「これから地域連携を始めるお手本にしたい」「大学生が主体の地域連携活動を活発に行っている理由を知りたい」「地域連携しているけどうまくいかない、何を改善すればいいのかヒントを得たい」と、全国からこの9年間で80件以上の視察に訪れました。

視察に来られた教職員の方と意見交換をすると、多くの関係者が地域と連携するにあたり、課題や悩みを抱え、それらのほぼすべてが似通っていることに気づきました。

本書では、全6章で構成し、大学（教育機関）と地域との連携にあたり、是非押さえておきたい内容について事例を交えながら提供しています。キャンパスを飛び出し地域をフィールドとして、学び、交流する中で、学生は何を掴み取っているのでしょうか。

前半は、学生がどのように成長していくのかといった教育効果や地域に及ぼす影響について見ていきたいと思います。後半は、地域と大学の共生を効果的に進める上で、具体的にどのような仕組みが必要なのかという点に触れたいと思います。

まずは、実際に取り組んだ学生の事例から、大学生が地域で学ぶ意義について考え、学生、地域のそれぞれの変化やそれらを生じさせる仕組みについて、現場からの視点で今すぐにでも実践できるように整理しました。

注1　地域共生教育センターの取り組みの中心は「地域や学生が主役となる活動」です。そのためセンターには、大学の所在地（北方4－2－1）に、研究室を意味する「Lab.（Laboratory）」を併せて『421Lab.』と名付けました。特別なイメージを持たない数字の並びとすることで、フラットに地域と大学をつなぐ自由な場所を意味しています。

第1章
地域活動を通した学生の学び

解説／坂本　毅啓
取材／金丸　正文

事例から考える意図とねらい

大学生が自主的に地域に出向き、そこで地域活動に取り組む。そして何かを得て、「おとなとして」、あるいは「社会人として」大きく成長する。ということに対して、多くの人は納得するでしょうし、また、それを期待して「地域活動に参加しよう!」と声を掛け合ったりしていることでしょう。実際、地域の方からの地域活動募集の相談に乗らせていただくと、「この活動を経験した人は、就職に有利になった」とか、あるいは「生きがいを見つけて、人生が変わった人がいた」といったような話はよくお伺いします。そしてそれは、おそらく本当でしょうし、間違ってはいないと、私も経験上感じています。

しかし、地域活動を経験したことが無い人、あるいは地域で何らかの活動に参加したことが無い人からすれば、「本当にそうなのか?」という疑問を持たれるのも、また事実ではないでしょうか。私が、数年前に学生を対象にした地域活動への参加ニーズに関する調査を行った際には、地域活動に参加したことが無い学生にとって、地域活動に参加する条件は「(安)易・近・単(短)」(通称「あん・きん・たん」と表現)の3つでした。これは、①気軽に取り組める易しさ(難しく、高度なことではない)、②生活圏の近く(自宅・大学周辺)、③単発・短期間(時間や期間に縛られたくない)、という3条件です。この3つが揃わないと参加しようと思わないという人たちからすれば、「地域活動にどんな風に参加して、それによって何を得られるのか」というのは、想像も難しいでしょうし、よくわからないことではないでしょうか。

そこで、この本の導入部分を任された本章では、地域共生教育センターでの地域活動を通して成長した代表的な3つの事例を紹介させていただき、そこから学生がどのような意識で何に取り組み、地域とどのような関わりの中で、何を得、そして成長していったのか、そのプロセスとその学習成果（成長の証）について理解していただくことを目的としました。まずは事例を読んでいただき、解説にまで目を通していただければ幸いです。

事例①　私は、どう生きるのか。421Lab.が、それを教えてくれた。

Mさん（男子）
文学部比較文化学科　卒業生（2018年卒業）
佐賀西高校出身

受験に失敗したから、本気になれた

母校は東大・京大を筆頭に多くの生徒が有名国公立大学へ進学する佐賀県有数の進学校だった。僕も教師を目指していたこともあって筑波大や広島大を志望していたが、センター試験の出来が思わし

外国人研修員に八幡の街を案内する「まちあるき」

くなく、半ば消去法で北九大へ入学したため入学当初は劣等感があった。ただ負けず嫌いなので、安易な思いつきのレベルでなく「来たからにはここでしかできないことをやってやろう」と心に決めていた。

最初に出合った「ここでしかできないこと」は、大学1年生の5月から参加したYAHATA "HAHAHA!" PROJECT（以下、YHP）だった。JR八幡駅周辺は、錚々たる国際機関が集まる北九州きっての国際化エリア。そんな八幡に暮らす外国人との交流イベントを企画・実践し、生きた英語を学びたいと思う学生が集まる人気の地域活動だ。僕もそんな学生の一人で、JICA九州の外国人研修員との「まちあるき」など、英語でコミュニケーションを交わす活動を存分に楽しんだ。

2年次にプロジェクトリーダーとなってからは、地域住民を巻き込みながら、より広い活動スタイルを模索した。〝八幡〟を冠とした活動なのに、英語が好きな大学生と八幡に滞在する外国人が交流するだけの活動内容でいいのかと、問題意識を持ち始めた。メンバーたちと議論を重ねた結果、これまでよりも地域に目を向けて、地域と外国人をつなぐ橋渡し役になろうと考えた。プロジェクトの存在意義にまで踏み込み、真摯な試行錯誤を重ねた日々は、大変ではあったものの非常に楽しかった。

大学の創立70周年に際してＮＨＫ北九州放送局が企画した「発見！ COOL KITAKYU！」にＹＨＰが出場した。北九州のクールな人や文化の魅力や環境への取り組みなど、学生が行っている地域貢献活動をテーマにした、英語によるプレゼンテーションコンテストだ。公開収録されたプレゼン大会では、活動拠点である八幡の魅力や国際交流を通じた地域づくりの想いを伝え、審査員特別賞をいただいた。また、同時期にＮＨＫの「旅ラジ！」へのラジオ出演も果たした。これらの経験が活動を客観的に肯定できる機会になった。今までは自分たちは正しいと思ってやっていても自信までは持てない、また社会の目は「学生としては頑張っているね」レベルじゃないかという懸念もあったが、第三者に認めてもらえたことで、これでいいんだ、と、確信を得ることができた。

"LINK topos"で重責を担う

４２１Ｌａｂ．を通じて地域活動を行っていたことがきっかけで、全国公立大学協会の学生ネットワーク"LINK topos"注1（リンク　トポス）に関わった。これも「ここでしかできないこと」のひとつだ。

LINK topos は、全国の公立大学の地域貢献活動を行う学生・教職員が集まり、シンポジウムやワークショップを通じて交流を深めることを目的としたもので、全国から１００名程が参加するイベントだ。２年次から３年間続けて大学の代表として参加したが、北九大が会場となった３年次の第４回大会は、特に思い出深い。運営事務局の重責を担ったからだ。

大会の運営に関わったことで、初めて〝うちの大学でやってることって……〟と大学全体のことについて考えるようになった。まず思い当たったのが421Lab.の存在だった。活動の実績とノウハウ、地域とのコネクションなど、学生が何かやりたいと思った時にすぐ始められる土壌があって恵まれた環境であるという反面、整いすぎていて他大学のようにゼロから立ち上げるというようなアグレッシブな動きが少なくなっているということにも気付けた。北九州大会では全国の未参加大学に働きかけて参加校、参加者数とも前年度よりも伸ばして大会を大いに盛り上げ、事務局としての重責を果たすことができた。翌年の大阪大会では全国の学生代表にも選ばれた。

災害復興支援活動を通じて、自分らしい価値観を確立

「ここでしかできないこと」を、「自分だからこそ、できること」の境地に高めた活動もあった。災害復興支援活動だ。1年次の8月、豪雨による土砂災害に見舞われた広島へ。3年次の5月には熊本地震の被災地へ。4年次の夏の九州北部豪雨の際もすぐ現地へ向かった。

最初に行った広島の時は、現地で何もわからず、自分には何ができるんだろうと自問自答するばかりだった。次に行った熊本では熊本大生や熊本県立大生など、混乱が続く中でボランティアセンターをほぼ学生だけでマネジメントする姿に、こんな学生がいるんだ、と素直に凄いと思ったし、負けていられないという感情も湧いてきた。その後は定期的に現地へ行ったが、またあの学生たちに会いた

いな、次はどんな学生に会えるだろうという思いがあった。北九大にもいろんな学生がいて面白いけど、他大学の学生に会うのも面白くてクセになった。これが、この時期に外へ目が向き始めた一番の理由かもしれない。

九州北部豪雨の時は4年生で、就活や卒論執筆が佳境に入っていた。学生代表に選ばれた〝LINK topos〟も控えていたが、いち早く自主的に現地へ向かった。支援に集まった学生には、学生目線で話すほうが伝わりやすい。広島の時の自分のように初めて災害復興支援に参加して、右も左もわからない学生もいるだろう。自分が行かなくて誰がやるんだ。そんな気持ちに突き動かされた。

大学での活動、特に災害復興支援で痛感したのは、何かあった時に臨機応変に動ける能力の重要性だ。最初の広島では何もわからなかったが、その時に自分にできることは何だろうと考え始め、実践を重ねるうちに災害復興支援に限らず、想定外の対応が求められる場に身を置くことに価値がある、と思うようになった。

学生たちに「気付き」を与える存在でありたい

思えば、どんどん充実感が増していった4年間だった。この大学でなければできなかった。ここでしかできないことに挑み続けられる環境があったからだ。

常識を疑うようになったのも、活動の成果のひとつ。ＹＨＰでも、今までどおりやれば波風は立たないけど、本当に大学生と外国人という二者間の活動でいいのか。このままじゃ納得いかないという

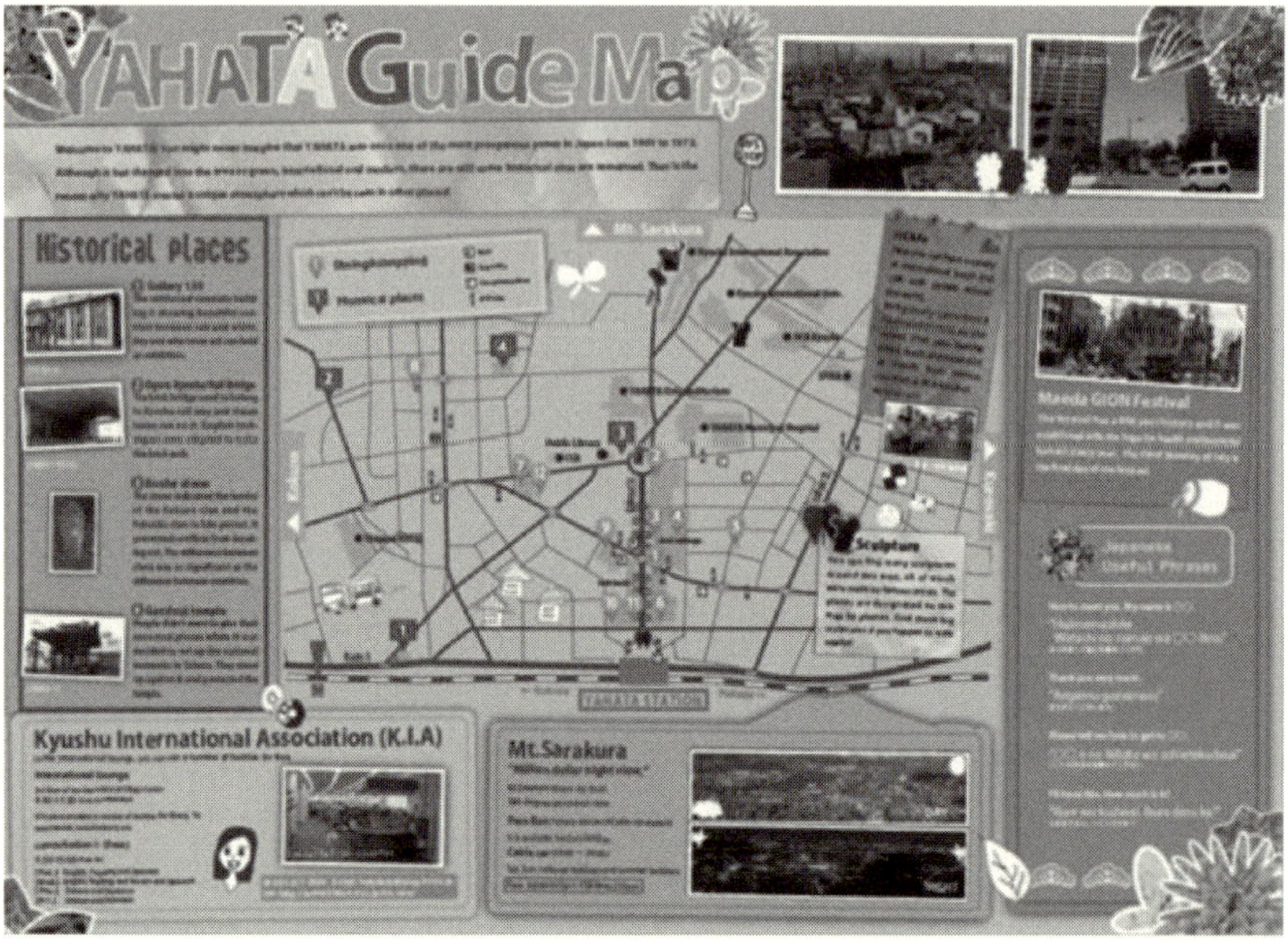

英語で八幡の街を紹介するマップを作成

思いが新しい活動を始める原動力になった。1年次では思っていても口に出せずに悶々としていたが、2年次以降はアウトプットしてみんなで考えるというような、建設的なアクションができるようになった。一方で、常識を疑うためには一番の常識人であるべきだとも思う。言いたいことを言うだけでは詭弁に過ぎない。だから誰よりも勉強や事例研究に努力するよう心掛けてきたし、今後もそうするだろうと思う。常識を疑うためにも、自分がどう見られているか、どう評価されているか、常に意識している。

　入学時に抱いた劣等感めいた気分は、まだ心のどこかにある。たぶん死ぬまでずっとあると思うし、それがないと自分はやっていけないんじゃないかとさえ思う。

　卒業後は、ＹＨＰの受け入れ先企業に就職

する。高校の同級生たちは大きいステージでスポットライトを浴びるような道を進むだろう。でも僕は、学生時代に真剣に考え取り組んできたことを軸にして社会人生活をスタートできること自体が、ちょっといいなと思っている。大きな会社で働くことより、自分がやりたいことを実現するためにはどうすればいいか考え続ける生き方を選びたい。最終的には地元佐賀に戻って街づくりや地域活性に関わりたいという思いもある。

今後は、受け入れ先の社会人として北九大生と向き合う。そもそも、地域課題を解決するという命題のもとでは、プロジェクトが解散することが理想だ。課題を解決できたということだから。でもプロジェクトを続ける以上は、価値ある取り組みを長く続ける努力と同じくらい、常に新しい課題を見つけてアプローチを変える姿勢が必要だと思っている。だから僕は学生たちに、大学や北九州や自分の地元や日本全体に関して、今までとは違う視点に気付かせてあげられるような存在でありたい。そのために、どんどん突っ込みを入れるし、遠慮なく質問を浴びせるつもりだ。もしかしたらそれは、ちょっとイヤな社会人なのかもしれないけど、それをやろうと思っている。

事例①への解説

事例①は、受験の失敗から、いわゆる「不本意入学」をした学生が地域活動に参加する中で、「学生時代に真剣に考え取り組んできたことを軸にして社会人生活をスタートできること自体が、ちょっといいなと思っている」という心境にまで至った事例です。国際交流に関する活動、公立大学・学生ネットワークでの活動、そして災害支援ボランティアと、非常に幅広く取り組んできました。そこでは、常に真剣に取り組み、誰よりも努力した姿が見られます。「誰よりも勉強や事例研究に努力するように心掛けてきた」という姿勢が、ややもすると「活動だけすれば良い」という風潮になりかねない中にあって、Mさんのその後の進路と、Mさんの「これからどのように生きるか」へたどり着くことができた大きな要因でした。与えられた環境の中で、さらに自己に磨きをかけ、さらなる飛躍と自己実現を目指す、好事例であると言えます。

事例② 「リーダーの苦悩」を、成長の糧に。

Nさん（女子）
外国語学部英米学科3年
福岡女学院高校出身

プロジェクトリーダーの責任を果たそうと、さまざまに思い悩み、自身の内面と深く向き合った。苦悩を乗り越えた先に、それまでの殻を破った新しい自分がいた。

先輩の人柄に惹かれてプロジェクトに参加

高校３年生の夏、北九大のオープンキャンパスで４２１Ｌａｂ．の存在を知った。地域貢献活動をこれほど大規模に行っている大学はあまりなく、私も参加したいと興味を持った。そして入学。英語教員を目指していることもあり、最初は国際交流を行うプロジェクトを志望したが人数が多く選考に漏れた。その時に思い出したのが、地域クリーンアップの説明会で応対してくれた先輩の生き生きした姿。地域クリーンアッププロジェクト（以下、地域ＰＪ）は、大学周辺の清掃活動や離島の漂着ゴミ問題に取り組んでいる。特別に環境問題や地域活動に関心があったわけではないが、緊張をほぐしてくれる話し方で、一度活動を見に来てよ、楽しいよ、一緒にがんばろうよ、と明るく接してくれた先輩の人柄に惹かれて、地域ＰＪへの参加を決めた。

活動の楽しさを満喫した1年目

定例活動は毎週金曜日。夕刻、十数人のメンバーに地域の小学生や高校生、地域住民を加えた参加者が、お揃いのビブスを着て約1時間、フランクな会話を交わしながら路上などのゴミを拾い歩く。私は、よーし、今から拾うぞ！　と、毎回ワクワクしながら参加した。やがて、プロジェクトのコンセプトが単なる清掃活動ではなく、私たちのゴミを拾う姿を通して市民の皆さんに〝ポイ捨てってカッコ悪い〟と気づいてもらう啓蒙活動であることを知り、活動に臨む姿勢が変わった。最初のうちは仲間と一緒に街をきれいにするのが単純に楽しかったが、それからはいい意味で周囲の目を気にするよ

金曜日の夕方、地域では恒例となった清掃活動

うになった。社会人の参加者の方にも「このあいだもお会いしましたね」という感じで、こちらから話しかけるよう心掛けた。地域住民からの「こんにちは」「おつかれさま」の声に、私たちを見てくれていると実感する場面も多かった。活動を重ねるほどに楽しさが広がり、プロジェクトのメンバーで出店した11月の大学祭では中心的な役割を前向きに務めあげた。

４２１Ｌａｂ.では通常、３年生がプロジェクトリーダーを務める。だが地域ＰＪは当時の３年生が発足させたばかりで２年生が不在。１年生15人の中から次期リーダーを選ぶ必要があった。そこで私は立候補した。中高時代もクラス委員や班のリーダーを任されることが嫌いではなかったという、私らしい積極的な行動だった。

二重の「温度差」に悩んだ日々

多くのプロジェクトリーダーに共通する悩みがある。メンバーとの温度差だ。自主活動である以上、参加意識に濃淡があるのはやむをえないし、自然なことでもある。一枚岩の結束を望み難いメンバーをどうまとめていくか、そこにリーダー特有の苦悩がある。加えて、人望の厚い前リーダーの存在が大きなプレッシャーとなった。このプロジェクトをゼロから立ち上げ、説明会で私の心を掴んだ、あの先輩の存在感だ。

連絡メールを流しても、みんな以前ならすぐ返信していたのに、なかなかレスポンスがなかったり。同学年の気安さもあったと思うが、それにしても……前リーダーと自分の力量の差を痛感するばかりで、立候補して失敗だったかな、とさえ思った。２年次のリーダーイヤーは「前任者のようにはとてもできそうにない」という、大きな不安を抱えた状態で始まった。

新入生を迎え、地域ＰＪは30人を超える大所帯に。悩みはおさまるどころか、さらに深まった。たとえば８月、近隣の地域の夏祭りイベントに模擬店出店で参加した時のこと。担当の班のリーダーが、忙しいから無理です、と。誰だって勉強やバイトとの両立は大変だし、私だって同じ。第一、リーダーなのに……と内心思いながらも、〝じゃあ私がやるね〟と、反射的に応じてしまった。今思えば、班のメンバーから別のリーダーを選べばよかったのだが、その時は何もかも自分で抱えこんでいた。結局、模擬店で販売するクッキーは数人の有志だけで必死に焼きあげた。１年前はあんなに楽しかったが、悩みはもはや、一人で抱えられるレベルを超えていた。

気づかせてくれた言葉と、救ってくれた言葉

ある日、プロジェクトの中でいちばん心を許せる同級生に、ついに苦しい胸の内を打ち明けた。ところが、親友から返ってきたのは予想外の厳しい言葉だった。「あなたは、物事の表面しか見えていない」「ミーティングに班のリーダーが遅刻？　その子にはその子の事情があるかもしれないでしょ」

「1年生にも、もっと任せてみたら？」などと指摘された。

どれも、自分自身が感じていた課題だった。自分を変えたい、でも変えられない。そのもどかしさをぶつけて、本当は励ましてほしかった。「そんなのわかってる」と、口には出さなかったが、険悪な空気になった。もう本当に辞めたい、私がいなくてもいいじゃないと、投げやりな気持ちになってしまった。事態のさらなる悪化を防いでくれたのは、あの前リーダーの先輩だった。泣きながら最悪の心境を訴える私に「大変だったね」と共感を示した上で、「今投げ出すんじゃなくて、3月までやろうよ」と、励ましてくれた。

ずっと応援してくれた先輩に、いい報告ができないもどかしさこそ、苦悩の核心だった。その辛さを、ほかでもない、その先輩の言葉がやさしく溶かしてくれたおかげで、踏みとどまることができた。

421Lab.で、「変われる私」になれた

ほどなく、長いこと忘れていた楽しさを思い出させてくれる出来事があった。響灘に浮かぶ馬島に、ひびきのキャンパスで学ぶ外国人留学生たちを数人のメンバーで案内したのだ。地域ＰＪは、地域の清掃だけでなく海岸で漂着ゴミの回収や再利用に取り組んでいる。留学生にそう伝えると、「その活動、いいね」と返ってきた。環境問題に関するディスカッションも盛り上がった。私が通訳を務めたことで、専攻の英語とプロジェクト活動がつながり、どちらも活かせてすごく楽しかった。この日、リーダーの責任感と義務感に追われるあまり、活動そのものを楽しんでいたあの頃の気持ちを忘れて

いたことに気づいた。

この体験を機に自分を見つめ直し、地域ＰＪの活動に区切りをつけることにした。馬島の体験で、今の自分が本当にやりたいことが見えた気がしたからだ。３年になった現在は、英語の教員採用試験に向けた準備と並行して、教職志望者の自習ゼミの運営や、市内の幼児向け英会話のサポート活動に取り組んでいる。

苦しんだ1年、とりわけ親友の〝苦言〟は、今にどう活きているのだろう。私は子どものころから何でも一人でできるほうで、自分を否定されることに耐性がなかったのかもしれない。それだけに親友の言葉はショックだったが、貴重なアドバイスだったと今は思っている。あれから人との関わりをより強く意識し、いろんな意見を受け止めて、自分の考えを柔軟に変えることができるようになった。自分が正しいと思ったら頑として譲らなかった頃を思うと、とても大きな変化だと思う。

ちなみに、親友との会話で生じたあの険悪な空気はほどなく消え、何でも話せる間柄は少しも変わっていない。後を託したメンバーがくれた寄せ書きには、「尊敬してます」「あなたがリーダーでよかった」、そんな言葉が躍っている。私の大切な宝物だ。

漂着ゴミを拾う海岸清掃

事例②への解説

事例②は、ボランティア論の教科書にも事例で出てきそうな、ボランティアという組織のリーダーだからこその苦悩が出てきました。そのような苦悩を抱えた学生が、周囲に支えられながらも乗り越え、新しい自分にたどり着けた事例です。参加意識や責任感というのは、自主的な活動である以上、必ず差があり、「温度差」とよく表現されます。苦悩を抱えたリーダーというのは孤独であり、余裕も無くなる中、親友からの予想外の厳しい言葉は意外であったでしょうし、本当につらかったでしょう。しかし、だからこそ後の「先輩の言葉」の重みが増しているとも言え、横の関係だけではなく、先輩のような「斜め上の関係」という存在は、とても貴重な存在だったと考えられます。

また、周囲の存在である地域共生教育センターならではの役割は、馬島へ外国人留学生を案内するといった、所属している活動の幅を広げようとする働きかけです。単に現在取り組んでいる活動を円滑に回し続けるのではなく、教員の積極的な介入による連携の広がりによって、Nさんは「活動そのものを楽しんでいたあの頃の気持ちを忘れていたことに気づいた」のです。「苦しんだ経験というのは人を成長させる」とは古今東西で言い尽くされてきたことです。しかし、支えてくれる仲間、先輩、そして教員という存在に改めて注目して、このような事例を振り返り、周囲との関係性の重要性を理解していただきたいところです。活動との出会いも、魅力的な先輩との関係性によるものであるなら、その学びもまた、周囲との関係性の中で獲得されていくものだと言えます。

事例③　初心を、ライフワークに。

Ｏさん（女子）
地域創生学群　卒業生（２０１８年卒業）
小倉東高校出身

東日本大震災の復興支援活動に参加するために、本学に進学した。以来ずっと、高校時代に芽生えた初心を見失うことなく本学でさまざまな経験を重ね、自分らしい未来にまっすぐ続く道を切り拓いた。

一度きりの訪問では、支援とは呼べない

初めて被災地を訪れたのは、２０１３年夏。当時通っていた高校が実施した被災３年目の東北を訪れる校外研修に参加し、宮城県の南三陸町へ。被災前は住宅地だったと教えられた一帯を見渡す限りの夏草が覆いつくす光景に衝撃を受け、「一度きりの訪問で終わってはいけない」と強く思った。被災地を見て、現地の方にお話を聞いて帰る。それだけで終わりなら野次馬と同じ、そんなのは支援とはいえないと思った。

当時は高校３年生。ずっと進路を決めあぐねていたが、南三陸町での体験を通じて、いきなり目標が定まった。絶対にまた現地へ行きたい、迎えてくれた皆さんと一緒に心から笑える時間をつくりたい……。そのために、被災地支援の実習カリキュラムがある北九大に入学すると心に決めた。

繰り返し、南三陸町へ

他の選択肢には目もくれず、ピンポイントで北九大を志望した。入学当初から卒業まで、切れ目なく支援活動に取り組み続けた。入学後すぐ、復興支援ボランティアに参加。南三陸町を訪れる現地派遣でも毎回、精力的に動いた。

最初の派遣は1年次の9月。この時は畑の中に埋まった瓦礫や石を取り除く作業に汗を流したが、被災から4年目に入り、瓦礫撤去などハード面の支援からソフト面のコミュニティ支援へと、支援の方向性が大きく変わる過渡期にあった。

私たち学生は、仮設住宅に住む高齢者から見ると孫のような存在で、比較的受け入れやすい面がある。そこで、いろんな交流イベントを企画し〝体を動かしませんか〟〝北九州のお菓子を食べませんか〟と声を掛け、仮設住宅に引きこもらず外に出てきてもらう取り組みを進めた。この他には、現地の小学校のオファーを受けて実施した「環境未来都市・北九州から来たお兄さんお姉さんに教わる環境授業」、北九州に本拠を置くスターフライヤー機内誌での連載などがあり、様々な派生的な活動や取り組みを実施していった。

このような取り組みを行うために、取材や見学など、得がたい体験もできた。環境授業で〝トイレで水を流すのにどれくらいの量の水を使うか知っているか?〟といったクイズを出すためにＴＯＴＯさんの製造現場を見学したり、九州製紙さんでは古紙を再利用したトイレットペーパーの作り方を教わり、小学校では牛乳パックを使用した紙すき体験も行った。機内誌の連載では、私たち自身が復興に関わる現地の方を取材して写真を撮り、記事を書いた。

実習終了後も、421Lab.で支援活動を継続

3年次前期で引退したが、それが活動の切れ目、とはならなかった。活動にのめり込んだ理由は、プライベートの旅行や遊びと同じで、活動することが私にとってのやりがいだったから。新しいことに挑戦する度に、自分と真剣に向き合える。そして何よりも自分がイキイキとできる瞬間だから、引退で区切りをつける気持ちはまったくなかった。

北九州発祥の「焼うどん」と
東北のイカをコラボさせた

以来、421Lab.の「東日本『絆』プロジェクト（以下絆PJ）」をベースに、さらに活動の幅を広げていく。絆PJが取り組んでいる絆焼うどんプロジェクトにも積極的に関わり、釜石にも毎年同行して現地の皆さんに焼うどんを提供した。自ら活動資金の調達に挑んだのも、そのころのエピソードのひとつだ。

九州から東北への被災地支援にかかる費用は、大学の後援会から助成されていたが、当初から5年間で終了と決まっていたため、そのころは活動の資金源を失っていた。でも支援活動は、細くてもい

いから長く続けることに意義がある。お金がないから、前例がないからダメだと考える前に、何かしら行動を。そう考えて、各種団体への助成金申請を行うなど、積極的に動いて計１００万円ほどの活動資金を調達できた。そのプレゼンで東京にも飛んだ。何事もやってみなければわからない。

ＰＪの経験は、３年次以降の４２１Ｌａｂ．に新たに設置された災害時緊急支援チームの活動に還元することができた。２０１６年春の熊本地震でも、翌年夏の九州北部豪雨の際も、災害発生直後の急性期に社会人に混じって災害ボランティアセンターの運営にあたり、学内でも支援物資集めやその仕分け作業など、実務面で貢献できた。支援活動を通じて被災地でのコミュニケーション能力や災害ボランティアセンターの運営ノウハウを磨くうちに、いつしか、「災害が起きた時にすぐ動ける人材」になっていた。熊本や朝倉で見せた迅速な動きが、その何よりの証だ。

「見送る側になる」ということ

現地派遣で何度も通った南三陸町を、一度だけ、プライベートで訪れたことがある。４年になる直前の時期だった。初めて現地へ行った高3の時から交流が続いていた仮設住宅の自治会長から、「仮設住宅を出て家を新築したから、遊びにおいで」と、お誘いを受けたのだ。

ひとつ上の先輩と、絆焼うどんプロジェクトを主導してくださっている『お好み焼きいしん』の奥様と私の３人でうかがった。自治会長はいつものようにニコニコしながら私を〝Ｏくん〟と呼んで下さり、奥様は「キッチンが狭いから大した料理ができない」と言いながら、すごいご馳走を……。あの時の感激は今も忘れられない。

現地派遣を重ねるにつれ、仮設住宅を出る人が少しずつ増えていた。その度に、「行ってらっしゃい、次に来るときは会えないけど、新しいおうちで頑張ってください。お元気で！」と、笑顔で〝見送る側〟になれたことが、何よりうれしいことだった。たとえば名前で呼んでもらえるなど、何度も足を運ぶうちに、少しずつ距離を近づけられた実感があった。見送る側になれたことは、その集大成のようなもの。先輩方の時代から継続的に活動を積み重ねてきたからこその成果だと思う。

学生が企画したイベントで寄せられた東北へのエール

この４年間は本当に充実していた。もちろん友達と遊んだり旅行に行ったりもしたが、私にとって新しいことに挑戦するときのワクワク感と楽しさはまた一味違ったものだった。

学内では、地域活動やボランティアに関わっていない人から「そんなお金にもならないことをやって、何が楽しいの？」と言われることも多々あったが、私の答えはいつも

売り上げの一部が東北への義援金に

決まっていた。「一緒に行ってみない？　自分で体験してみないとわからないことがいっぱいあるから」。そんな私の言葉に促されるように、実際に熊本や朝倉の被災地に行った人も少なくない。

これからもずっと、初心を忘れない

就活ではマスコミを志望。だが、ある企業の面接で「被災者にマイクを向けられますか」と問われた瞬間、気付いた。「私がやりたいのは野次馬になることじゃない」と。被災地の最前線で困っている人に寄り添い、ありがとうの一言が返ってくる仕事がしたいと考えた私は、公務員になる道を選び、北九州市役所に入職した。

災害支援だけでなく、街づくり、スポーツ、福祉、イベント企画など、いろんな仕事に関われるジェネラリストになりたい。いずれは教育行政にも関わり、本学の学生や先生方とも一緒に仕事できたらうれしい。

一度や二度の関わりだけでなく、じっくり腰を据えて支え続ける仕事。本学で大きく育った初心は、まだまだ広がりそうだ。

事例③への解説

最後に、事例③を読まれた多くの方は、「このOさんは意識も高く、よっぽど能力の高い人だ」と思われたのではないでしょうか。一教員として言うのもどうかと思いますが、はっきりいって優秀

な学生です。それは間違いありません。しかし、「優秀でなければ同じような学びはない」と言えるでしょうか。この事例から見えてくることは、じっくりと、長期にわたって関わろうとする覚悟とも言えるような意識です。長期にわたる関わりによって「名前を呼ばれる」、そして「新しい家に招かれる」関係性を築き上げることができました。そこには、真摯に被災者と向き合い続けようとした姿勢が常にありました。そして、そこで得られるものは「お金」という貨幣価値に換算できないようなものであり、そのことに気付いたという点は大きかったと言えます。だからこそ、就職活動でマスコミを志望していたが、「私がやりたいのは野次馬になることじゃない、と。困っている人に寄り添って、ありがとうの一言が返ってくる仕事がしたい」と、気付いた「本当にしたい仕事」へ就くことを実現しました。Ｏさんのような存在が公務員として地域で働くと言うことは、実は地域にとっても貴重な資源となるでしょう。

これから先を読み進めていただくために

本章では３つの事例から、学生がどのようなことに取り組み、そのプロセスを経て、何を得たのかを紹介させていただき、各事例に沿って教育者の立場から解説を行わせていただきました。さて、まずは、ここまで読み進められた皆様の感想はいかがだったでしょうか。もちろん、彼らが元々持っていた真面目さや勤勉さ、そして能力の高さといった個人的属性もあるでしょう。しかし、この3つの事例は、2010年4月21日に地域共生教育センターが開設されて以降、地域活動に参加し、そして学び育っていった学生達の「代表的な事例」であり、このような事例は他にも存在するということは敢えて申し上げたいところです。

それでは、大学組織としての地域共生教育センターはどのような取り組みをしてきたのでしょうか。そもそも、大学で地域と学生をどうしてつなぐのか、学生は地域活動を通して学ぶことがどうしてできるのでしょうか。そして地域にはどのような影響があるのでしょうか。このような疑問や問題意識をお持ちいただけたら、次の第2章以降を引き続き読み進めていただければ幸いです。

注1 〝LINK topos〟とは、公立大学・学生ネットワークおよび全国大会の愛称である。もともとtoposは「場」を意味するギリシャ語で、古代ギリシャで人々が盛んに議論していたことに倣い、公立大学の学生がLINK（つながり）の力を発揮する〝英知を結集する場〟にしようとの願いが込められて命名された。

第2章

地域で学ぶ学生の成長

―壁を乗り越えて変化する意識と行動―

石谷百合加

地域活動に夢中になった学生たちは、どのようにして成長していくのでしょうか。これまでの9年間で、421Lab.のプロジェクトに参加した中で成長が著しかった100人以上の学生へのインタビューに基づいて、地域活動を通じて実践活動力を向上させるプロセスを明らかにしていきます。

どのような学生が421Lab.に集まるのか

そもそも地域活動に集まる学生はどんな学生なのでしょうか。今までの調査で分かったことは、決して成績優秀者や「意識高い系」といった特別な学生ではないということです。意外かもしれませんが、最初から地域課題や社会貢献をしたいといった問題意識を抱えている学生はわずかです。

例えば、2年生からプロジェクトに入ったある学生は、「入学当時は大学生活というものがよく分からなくて、できたばかりの友人といつも遊んでばかりで……授業や友達との食事以外に、あまり大学生活を楽しむことができなかったので、新しいことでも始めようかなという気持ちで参加しました」というように、新しいことに挑戦したい（25%）、楽しそうだから（21%）、新しい友達を作りたかったから（12%）と、約6割が利己的な動機です。つまり、自分のために何かしたい

プロジェクトへの参加動機（2016年度）

新しいことを始めたかったから	25%
楽しそうだったから	21%
社会勉強のため	18%
新しい友達を作りたかったから	12%
社会貢献のため	9%
友人（先輩）に誘われたから	7%
その他	3%
専門的知識を得たかったから	2%
単位のため	2%

といったものや、楽しそうだから、友達を作りたいといった、漠然とした「軽い」気持ちで参加するケースが大半なのです。

では、このような軽い気持ちで参加を決めた学生達が、スムーズに地域の大人と一緒に活動したり、地域課題に取り組んだりすることができるのでしょうか。やはり、いきなり真剣に地域活動に関わることは難しいようで、多くの場合、次の３つの問題に直面しているようです。

地域活動の初期段階で直面する問題

① 事前の期待と現実とのギャップ
② 与えられた役割が果たせない
③ 円滑に活動が進まない

それでは１つずつみていきましょう。

初期段階に直面する課題①　事前の期待と現実とのギャップ

地域や企業などの実社会との連携活動は、一般的なサークルとは違い、目的や目標に対してどのような成果を上げたかといったアウトカムが強く要求されます。また、４２１Ｌａｂ．での活動には単位は付与されませんが、大学の教育の一環としての位置づけの活動のため、充実した活動とそれを通じた学習という観点が強調されており、それを促すために、事前研修や中間研修など年に数回の研修を行ったり、年度末には成果発表会や報告書の作成などの機会を設けています（下図参照）。このような活動の性質と学習を促す機会の存在によって、活動は必然的に真剣なものにならざるを得なくなります。そのため、利己的な動機で参加した学生には、驚きと戸惑いが生まれているようです。

次のような学生のコメントがありました。

「毎日の通学に時間がかかるので、サークルを諦めて４２１Ｌａｂ.でゆっくりと地域活動ができたらいいなと思っていたけど、結構忙しかった。毎週のミーティングだけでなく、更に追加でミーティングや勉強会があったりと、思っていたより真面目な活動で、最初のうちは、びっくりしました」（Oさん・4年・女）

このような事前の期待と現実の活動の厳しさの間に少なからず

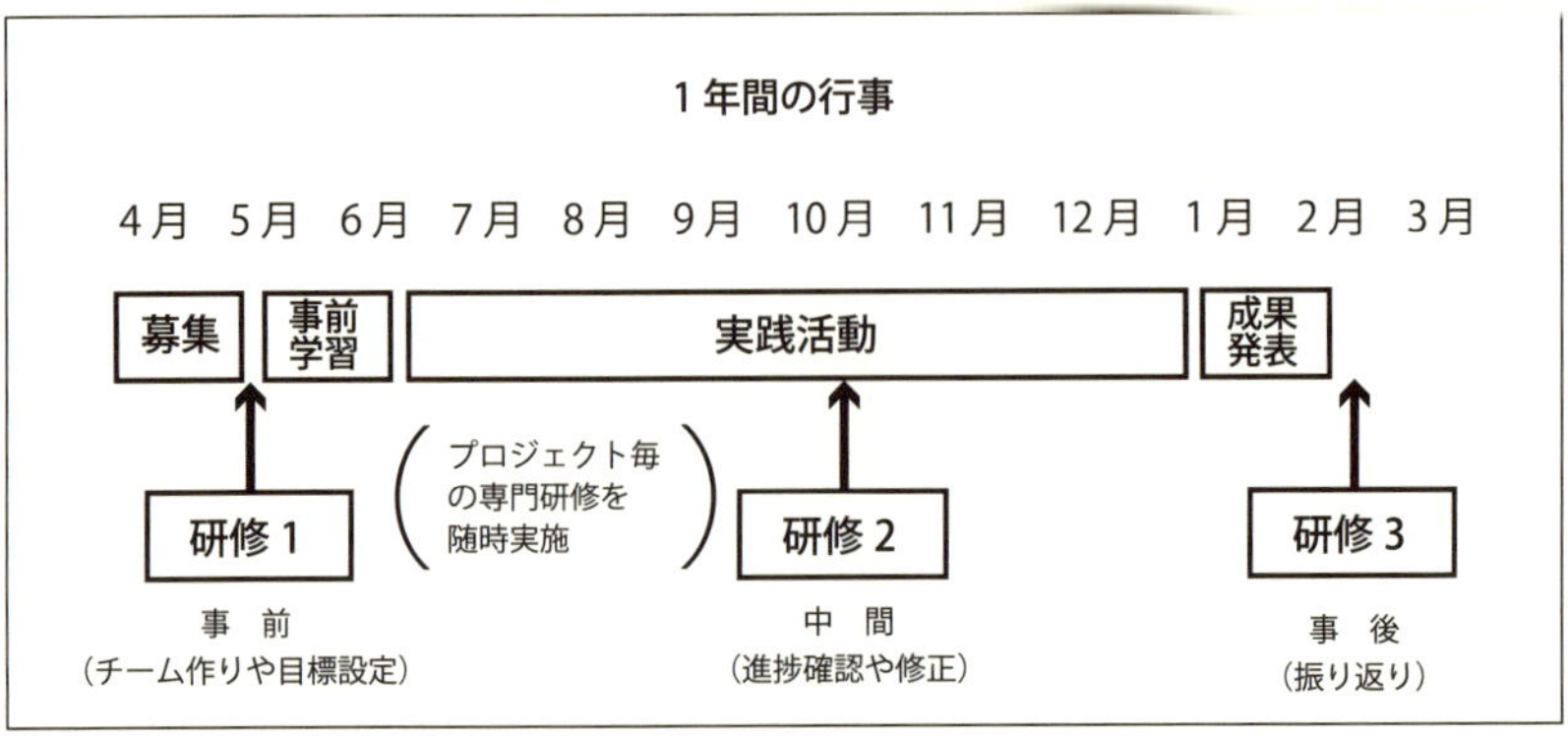

ギャップが生じ、そのギャップに戸惑ってしまうという問題が起きているのです。

初期段階に直面する課題②　与えられた役割が果たせない

４２１Ｌａｂ.では、１つのプロジェクトの人数は平均10～20人程度で構成されています。そのため、活動を効率的に実施するには、参加者に役割を割り振る必要があります。例えば、活動する中で、議事録を作成したり企画書を書いたりすることは当たり前のことであっても、それを担当することになった新入生にとっては、今まで一度も経験したことがないだけでなく、講義で習う機会もありません。そうすると、自分の任された仕事が上手くできないという問題を抱えることになってしまいます。

「企画を立てるっていうのは楽しいと思っていたけど、いざやってみると企画書の書き方が全然わからず、投げ出したくなってしまった」（Ｆさん・２年・女）

とある学生が言うように、やってみたいという想いとは裏腹に、なかなか自分の役割を果たすことが難しいのです。

初期段階に直面する課題③　円滑に活動が進まない

プロジェクトは、学生の興味や関心に応じて、１年生から４年生までの学年・５学部の横断のチーム編成になっています。そのため、メンバーで集まって話したくても空き時間が合わないといったスケジュールの問題や、学年が違うと気軽に連絡することをためらってしまうなど、学部や学年の異なるメンバーとのやり取りの難しさという問題が生じたりします。また、自主的に参加する活動だからこそ自分の中での優先順位の付け方に温度差があり、それがモチベーションの差となって、活動に対する参加度や作業の質などの差となって現れていきます。

1年間のふりかえりにおいて、以下のような反省をしている学生がいました。

「学部が違うと、とにかくスケジュールを合わせるのが大変で、どんなに時間割とにらめっこしても合わないので、昼休みの時間を使ってランチミーティングにしていました。夏休みに入ると、ミーティングの出席率がどんどん悪くなってしまって。帰省なら仕方がないけど、学校に来るのが面倒くさいとか、プロジェクトの優先順位が5番目とか6番目で、バイトや友達との遊びの次くらいにしか考えてないなど、プロジェクトに対する思いが人によってかなり違っていたので、なかなかミーティングが進まない時もありました」（Pさん・4年・女）

このような様々な要因により、真剣に取り組もうとしてもなかなか円滑に進まないのです。

心理的な変化

学生は、このような課題をどのように乗り越えているのでしょうか。

克服するのを手助けする先輩

421Ｌａｂ．のプロジェクトに初めて参加する学生の多くは新入生です。新入生の６割は一人暮らしをしており、その多くが実家を離れ、縁もゆかりもない北九州へ進学のために来た学生です。そのため、人間関係に広がりのない新入生には身近に相談できる人がいません。些細なことでも相談できる人がいなければ自分一人で抱え込むことになり、その心配や不安から、与えられた課題は想像以上に重圧となる可能性があります。学生によっては重圧に耐えきれず、そのまま課題を放置して次第にチームから消えていってしまいますが、プロジェクトの上級生のアドバイスから課題を突破するヒントを見つけて克服していく学生もいます。

メンバーにとって、親身になって支えてくれる先輩の存在は大きい

気づきを誘発するアドバイス

もっとも、先輩のアドバイスの方法にも工夫が必要です。アドバイスをする際の声のかけ方として、「こうやって」といった指示型では、やらされ感を感じてしまいやる気は下がってしまいます。これに対して、「こんな感じにやってみたら……」といった提案型で声掛けをすることで、やる気を引き出すことができます。このようなやり取りを繰り返し、先輩にサポートされ、導かれながら課題をやり遂げていく中で、初期段階で直面する3つの問題を乗り越えていきます。このプロセスで自分のために時間を割き、一生懸命にサポートしてくれた先輩に対する感謝の気持ちや、支えてくれるメンバーの存在に気づき、徐々に地域活動に対する考え方や取り組み方に変化が生じ始めます。

チームの一員としての自分に気づく

このように、参加者は他者との関わりを通じて今までよりも物事に対して格段に視野が広がる経験をしたり、自分が思いもしなかった視点からのアドバイスを与えてくれる先輩の姿に憧れるようになります。また、そのような先輩の姿を2~3年後の自身の目標像として描き、先輩をロールモデルとすることで、活動に対する意識が少しずつ向上していくのです。

「3年生の先輩の存在はとても大きかったです。1年生の時は、ミーティングの話の中で、正直何のことを言っているかわからない場面も多くありましたが、自分から質問する勇気がありませんでした。何もわからない時に先輩がアドバイスしてくれて、かっこいいな、あんな風になりたいなと思っていました」（Ｊさん・３年・男）

前述のように、学部・学年が異なるメンバーでチームを組むプロジェクトでは、新入生が質問したくても、なかなか自分から聞きづらい状況にあります。困っている時に他者から声をかけてもらえた時の嬉しさや、自分では気づかなかったアドバイスを受けて視野が広がった喜びなどを経験すると、自らの経験を今度は別の人にしてあげたいという気持ちが芽生え始めます。

「忙しいメンバーや力不足のメンバー、一生懸命なリーダーを見て、自分ができることはないかと考えることが普通にできるようになりました」（Ｉさん・４年・女）

「メンバーが忙しそうにしているのを見て、自分にできることがあるんじゃないかな。メンバーの負担軽減のためにできることはないかと考えていました」（Ｉさん・４年・女）

このように、同級生や後輩など同じように困難に直面している参加者に対してサポートしようという意欲が芽生え、参加者の状況をよく見ようとするなど視野が広がってくるのです。

「1年生の頃はチームという感覚はなく、個人という意識で活動していました。でも2年生になると、

チームを意識することが多くなって、チームのみんなに迷惑をかけられないと思うようになりました」（Bさん・3年・女）

というように、学生の大半は、当初はプロジェクトに対して個人という意識で参加していましたが、先輩などに支えてもらった経験からもっと他者に目を向けなければならないと気づき、次第にチームを意識するようになります。このような心理的な変化がプロジェクトに対する帰属意識の高まりに繋がるのです。

行動の変化

積極的な参加

このように身近なロールモデルの出現により、地域活動に対する意欲が徐々に向上し始めます。当初は新しいことに挑戦したい、友達を作りたいといった、利己的な動機で参加したものの上級生のサポートを受けることで、次第にチーム内に自分の居場所があることを感じます。みんなに迷惑をかけられないという気持ちや先輩等に支えてもらった経験から、もっと他者に目を向けなければならないと気づき、次第にチームを意識するようになります。このような心理的な変化がプロジェクトに対する帰属意識の高まりに繋がるのです。この変化は、活動への関わり方にも変化を生じさせます。

「２年生までは先輩についていくことが多かったので、どうしても言われたことをやるということが多くて、自分から問題を見つけたり課題を探して解決策を考えることができてなかったけど、３年生になって、自分が指示を出したり、進捗をちゃんと理解していなければならない立場になった時、自分にとって何がこの組織の課題なのかというのがみえてきたように思えます。役職とか立場が変わったというのが大きかったです」（Ｆさん・２年・女）

「確実にメンバーに伝えるようにしています。連絡事項は、普段はＬＩＮＥで行っていますが、大事なことはＬＩＮＥで連絡しないようにしています。フォローも、資料を渡して終わりにしてはいけない。ＬＩＮＥでミーティングの時にこんなことを話したと箇条書きで送ったとしても、その時点で参加した人としてない人との意識の差が生まれてしまうので、その辺の連絡をきちんとしなければならないと思います」（Ａさん・２年・女）

自分の役割がわかることで、
活動への関わり方が変化する

「情報共有をしっかりしないと、絶対にどこかですれ違いが生じると思うので、ミーティングの連絡を回す時にも、こういうミーティングをしますということを長文で書いた後に、最後にまとめとしてその要点を箇条書きにして、わかりやすくみんなに周知するということを心掛けたりしています」（Hさん・2年・女）

このような心理的な変化のように、チームを意識し始めることで、活動を自分ごとと捉え始めるようになると行動面でも変化が生じます。例えば、プロジェクトへの出席回数が増加したり、他者を思いやる気持

学生の成長プロセス

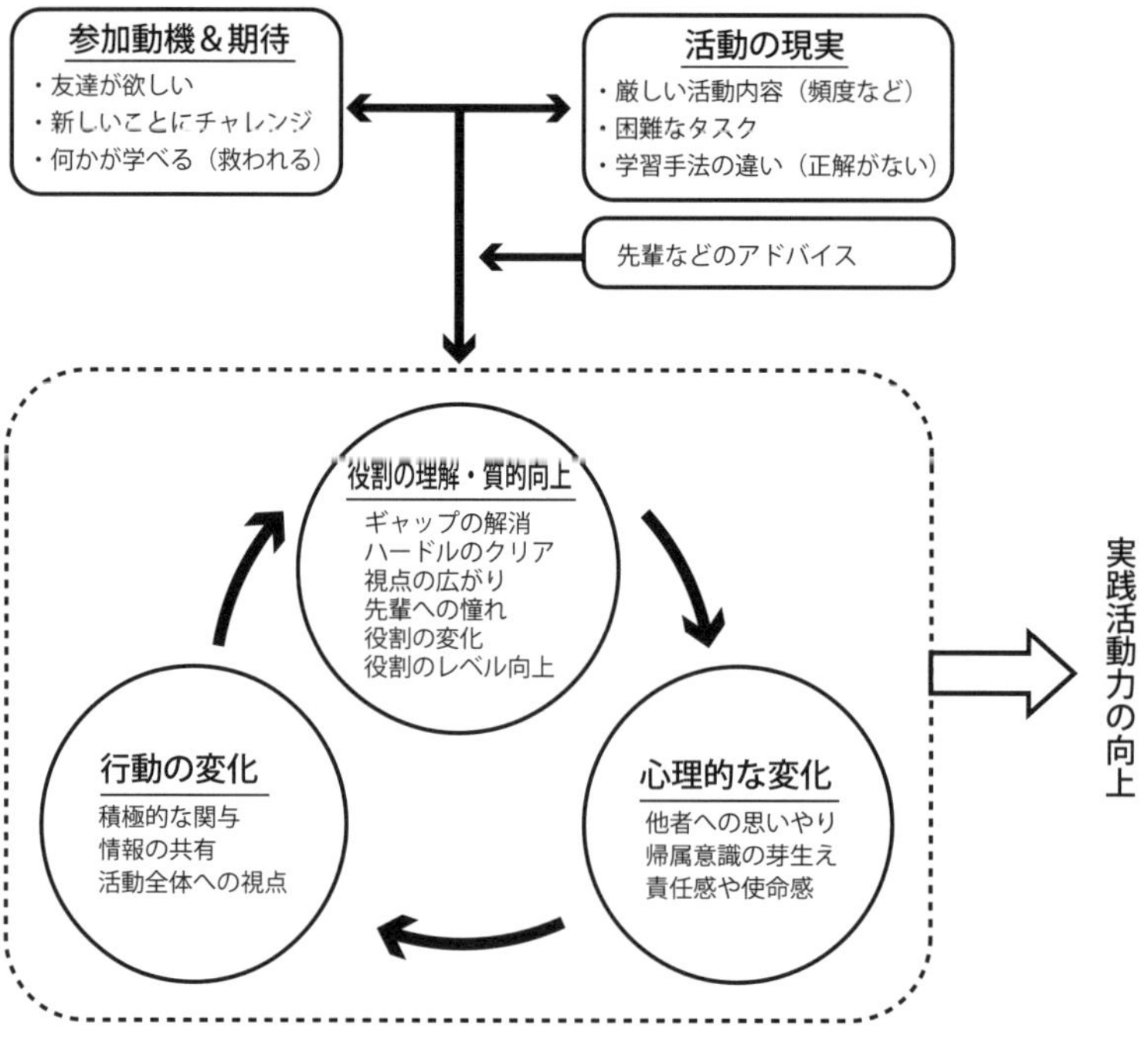

ちから、欠席者に対する情報共有や議事録の作成など、今までよりも工夫を凝らした情報伝達行動がとれるようになります。

全体を見る目を持つ

意識や行動が変化していくと、個々の役割に注目するのではなく、プロジェクト全体を見る目を持ち始め、活動する目的などを深く考えるように変化していきます。これらの行動の変化は中核的な立場になるほど活発になり、先を見据えた考え方やリスクマネジメントを考えられるようになります。

「今までは、自分がやっていることが目的にどう繋がっているかなど、意識したことはなかったです。でも、３年生になって全体を考える中で、何ができていないのかなど考えることで、役割とか立場が変わることで見えるものも大きく変わりました」（Ｈさん・４年・女）

このように、チーム意識が芽生えることで、自分に与えられた役割をこなすだけでなく、情報発信や共有のやり方といった質的な向上が生じます。さらに、自身の役割といった活動の一部からの視点ではなく、全体を俯瞰するようになり、そのような視点からの行動が行われていくのです。

以上をまとめると、４２１Ｌａｂ．で地域活動している学生は、次のようなプロセスを経て（右図）実践活動力を向上させていることが分かります。

まとめ

成長を促すポイント

このような学生の成長プロセスに基づけば、事前の期待と現実の間のギャップとその克服、そこから生じる心理的・行動的変化という点を上手くコントロールする仕組みを設けることで、参加者の多くが実践活動力をより向上させることができるようになると考えられます。

このような仕組みを考える際に必要となるポイントは、以下の6点です。①最も身近な相談相手の学生運営スタッフ、②メンターとしての教職員、③学生が集う場、④ミスマッチを防ぐ丁寧な募集、⑤活動と学びをサポートする研修、⑥頼りになる上級生、これらを一つひとつ見ていきましょう。

学生の成長を促す6つのポイント

①最も身近な相談相手の学生運営スタッフ
②メンターとしての教職員
③学生が集う場
④ミスマッチを防ぐ丁寧な募集
⑤活動と学びをサポートする研修
⑥頼りになる上級生

①最も身近な相談相手の学生運営スタッフ

学生が活動していく中で生じる問題を乗り越えやすくするため、相談やアドバイスができる体制を整えることが必要です。学生はわからないことがあっても年の離れた大人には聞けず、質問をためらってしまうことがあります。そのため、学生運営スタッフが各プロジェクトにもメンバーの一員として参加することで、学生同士のサポート機能を強化しています。

学生運営スタッフは、様々な地域活動の現場で自らも実際に活動した経験が豊富であるため、一般の学生が地域活動をしていく中で遭遇する理不尽なことやジレンマを、同じ目線で話を聞きアドバイスします。それでもなお、解決の必要があると考えれば、教職員や地域側といった大人に繋ぐこともあります。このように大人サイドと大学生の間に不足しがちなコミュニケーションの穴を埋めてくれます。このような学生運営スタッフの働きがプロジェクト活動を活性化させ、他の学生にもいい影響が波及していくのです。

しかし、学生運営スタッフは決して最初から能力が高いわけでもなく、こちらが意図するような他の学生を巻き込む動きができるわけでもありません。そのため、学生運営スタッフに求められる力として、ファシリテーションのスキルやチームマネジメント能力、更に、実際の現場での経験が必要となります。現実には、学生運営スタッフのレベルは年によって大きな違いがあるため、その能力の向上が求められます。

②　メンターとしての教職員

日々の活動は、基本的に学生の主体的な行動に任せています。そのため、教職員は、学生の伴走役として見守っていると思われがちですが、学生の学びを促進させるためには、方向性や計画（締め切り）の確認や状況報告などを行い、必要に応じてその都度介入し、場合によっては修正などのコントロールをすることが必要となります。学生だけでは気付けなかった指摘を受けて何度も修正することが、結果として学生の学びを促進することもあるのです。このように指摘された事項を正しく理解し、修正して次回に生かすという点は、企業で行われる新入社員のＯＪＴにもよく見られる光景です。このような視点からすれば、教職員はメンターのような役割も果たします。こういった点が、同じように学生主体で組織しているボランティアサークルとは大きく異なります。

主体性を重んじるあまり学生をほったらかしにし過ぎてしまうと、視点がずれて自分たちのやりたいことだけに没頭するなど、次第に全体の目標を見失ってしまうことがあります。活動を続けるのも辞めるのも学生に委ねられているため、常に活動の全体像を示し、今までの成果や課題、現在までの到達点などを対話しながら、学生が自由に挑戦できる雰囲気を醸成していかなければなりません。

③ 学生が集う場

４２１Ｌａｂ．は、キャンパス内の１Ｆに設置されており、入口は全面ガラス張りで廊下から室内の様子を覗うことができます。この場所は、学部学年に関わらず学生が自由に作業やミーティングを行えるスペースで、活動支援として備品の貸し出しやコピー機が無料で使えるなど学生が集まるための工夫もあり、いつでも誰もが、気軽に立ち寄れることが最大の強みです。そのため、昼休みになるといくつものグループの学生が、お弁当を持ち寄ってランチミーティングを行っている姿を毎日のように見かけることができます。

このように、センターには学生が自由に集まり、活気が満ち溢れ、刺激し合う場になっています。連絡手段をＬＩＮＥやメールだけに頼るのではなく、他者との関わりの中で、直接会って顔を突き合わせて話すことは、縦や横の繋がりを強めることができ、人と人との対話が増えることで、新しい価値観や自分では思いつかなかった考えに遭遇し、問題の本質を見抜く力等の基礎力の向上を促進するのです。

また、４２１Ｌａｂ．には、教職員、学生運営スタッフが常駐しているため、学生は、質問や相談がある時など、そこに行けば会えるという安心感があります。日頃から人が多く集まる場なので、教職員は学生と日常的に会話をすることが多く、そのような機会が学生との距離を縮めて、相談しやすい関係性を築いていくのです。

空き時間にメンバーが集まり、
次の活動の準備を行う

④ ミスマッチを防ぐ丁寧な募集

学生は地域活動に対してあまり馴染みがないため、過度に期待をし過ぎてしまうと、「こんなはずではなかった」と事前の期待と現実の間のギャップに悩み、モチベーションが下がり続かなくなってしまいます。この学生特有の現象を受け止め、募集の段

募集用の冊子

階からこのようなミスマッチを最小限に抑える必要があります。そのため、421Lab.では3つの対策を講じています。

まず1つ目は、募集用の冊子です。新学期に行う活動メンバー募集に合わせて募集用の冊子を作成し、学生が知りたいと思う情報、例えば、やりがいを感じる活動中の楽しい雰囲気の写真や、無理なく取り組めることが確認できる情報（活動内容や活動頻度、年間スケジュールなど）をできる限り掲載するようにしています。しかし、ミスマッチを回避するためには、楽しいことや得られることばかりでなく、活動の厳しさなどにも言及しなければなりません。年間のスケジュールを可能な限り事前に提示することで、現実的なスケジュール感を感じてもらうことが必要です。

2つ目は、説明会の開催です。この説明会は、各プロジェクトの具体的な内容を説明しつつ、参加者の応募を促すための説明会です。平日の空き教室で1コマ（90分）を使い「どんな活動を行っているか」「どんな人に適しているか」「実際に体験したこと」などを実際にプロジェクトに関わっている学生がリレー形式でプレゼンテーションを行います。自分の興味があるプロジェクトだけでなく、他のプロジェクトの話を聞くことで、比較検討することができます。この地域活動説明会は3～4回開催しており、毎年１００～１５０人ほどが参加しています。

３つ目は個別相談会の開催です。上記のような説明会に加えて、プロジェクトの個別相談会も設けています。これは、説明会で興味を持った学生や出席できなかった学生を対象に、より詳細に興味のあるプロジェクトについて、活動している先輩の生の声を個別に直接聞くことができる機会です。アルバイトや学業との両立ができるか、実際にプロジェクトはどのように進められるのかなど、大教室の説明会では質問しにくいことを個別形式で応じています。このように、新しい組織に参入する場合は、誰もが不安で心配です。これらにどれだけ丁寧に対応できるかで、事前の期待と現実のギャップを回避し脱落を防止することができるのです。

⑤ 活動と学びをサポートする研修

新しく活動を始める大半の学生が、楽しそう、友達を作りたいといった課外活動の１つとして軽い気持ちで入ってくるため、本格的に活動をスタートする前に気持ちの切り替えを促す必要があります。

そのための研修では、チーム作りや目標設定が中心的な作業となります。まず、チーム作りでは、学生同士の縦と横の繋がり、地域側との繋がりを作ることで、メンバー同士のコミュニケーションの質と量が高まり協力関係が向上し、何かにつまずいたとしてもチーム全体で助け合い支え合う素地ができ始めます。次に目標設定は、チームと個人の両面から1年間の目標を立てていきますが、プロジェクトが始まった経緯や目的、関係団体とその役割など、皆で共通の認識を持ちチームの目標設定を行

活動の目的を再確認し、目標が達成できているか、何度も振り返る

うことで、自分がチームの一員であることを実感し、責任感や使命感が芽生えはじめます。

　次に、専門研修を設けることがあります。この研修は、活動に慣れてきたところを見計らって、適宜、プロジェクト独自の専門分野の知識を学ぶためのものです。このような機会を作ることで、プロジェクト活動の背後にある社会問題に触れ、視野を広げることができます。実践と知識の両面から自分たちが行っていることを理解でき始めると、自分なりに活動の意義を見出すことができ、より一層、使命感や意欲が湧いてくるのです。

　1年間の最後には、活動から何を学んだのかをチームと個人でふりかえりますが、チームのふりかえりの場としては、成果発表会の開催が有効です。発表会には、受け入れ先団体にも参加してもらうことで、学生の到達度や思いを共有する場にもなります。

　このように、学生の心理的な変化を考えながら必要な時期を見計らってこれらの研修を実施することで、より高い教育効果を生み出すことができるのです。

⑥ 頼りになる上級生

通常、地域連携がカリキュラム上で設定されている場合には、同学年のメンバーになりがちですが、ここでは学年横断のチーム構成のため、お手本となる上級生がすぐ隣にいるというのが、大きな強みになっています。この上級生は、単に学年が上というだけではなく、自身も少なからず壁を乗り越え、途中で挫折することなく1年間のサイクルを回してきた経験者です。今までの経験から様々なことを学び取り、活動の大変なことや陥りやすいところ、また、それらを乗り越えた先のやりがいなども知っています。そのような上級生からの励ましやアドバイスだからこそ、大人からの声掛けよりも共感しやすく、学生にとって素直に受け止めやすいのです。

また、ある研究でロールモデルとなる上級生は、成長を喚起する役割と関係性の欲求を満たす２つの役割があると言っています。１つ目は身近な先輩の存在が目標や手本となること、２つ目は先輩と後輩の縦の関係における濃密なコミュニケーションが、組織としての結束やメンバーの帰属意識や愛着を強めることに繋がることを指摘しています。

このように上級生の存在が上手く機能すれば、今までは個人という意識で参加していた者が、帰属意識の高まりにより、徐々にチームを意識するようになるといった心理的な変化を生じさせる重要な役割を果たしています。

「自分が困っている時に他者から声をかけてもらえた時の嬉しさや、自分では気づかなかったアドバイスで視野が広がったという喜びなどを経験すると、自らの経験を今度は別の人にしてあげたい」

活動を進める中で、必然的に地域の
大人との関わりも多くなる

という発言にあるように、自分が受けたサポートを先輩に恩を返すのではなく、自分が受けた恩を今度は後輩をサポートすることで返す「恩送り」として、次の代へしっかりと引き継がれていくのです。

以上、６つのポイントを押さえて、事前の期待と現実の間のギャップとその克服、そこから生じる心理的・行動的変化という点を上手くコントロールする仕組みを設けることで、参加者の多くが実践活動力をより向上させることができるようになると考えられます。

学習方法の違いを受け入れる

学生は実践活動を通じて、汎用的能力を向上させていきます。しかし、このような活動を通じて能力を向上させることは簡単ではありません。実践活動の機会を設け、成長するための仕組みを用意していても、参加者全員が能力を向上させるとは限りません。すでに述べたように、途中でフェイドアウトしてしまう学生もいます。では、このような違いはどこから生じるのでしょうか。

ここでは、高校までの学習モデルやそこから生じる価値観と現実との違いから考えてみましょう。高校までの学習モデルは、基本的に教科書を用いた一方向的な講義によって教えられ、ワークブックやドリルによってその知識の定着を図り、テストあるいは受験という実践において活用するという学習でした。このようなモデルにおいては、必ず1つの正解が存在すると考えるようになり、その正解により早くたどり着くこと、他の人よりも多くの正解を導くことが重要になってきます。そこでは、テストや問題の攻略法自体にも正解が存在することになります。

ところが現実の世界はどうでしょうか。すべてに正解があるわけではありません。答えが1つとも限りません。それどころか、問題設定（イシュー設定）すら自らが行わなければならないことが多いのです。しかも、同じ現象に対しても、専門領域や立脚する理論、価値観などによって、見え方が全く異なることもあるのです。ある視点から見れば最良であっても、別の視点からすれば最悪ということになるのです。したがって、現実の社会では、多様な考え方を持った者が集まって議論をすることで、現象に対して様々な角度から光を当てながら、問題を設定したり、解決策を策定したりすることが通常なのです。

このような現実に対応するための教育が大学教育に求められる1つの側面になります。高校までの学習モデルの価値観から脱却することができるか否かが、大学での講義やゼミからの学びだけでなく、実践活動を通じた学びにも大きく影響してしまいます。つまり、必ず正解があって、それを（導く方法も）教わるという受け身な姿勢から脱却することが必要なのです。

しかし、現実の世界と高校までの学習モデルとの違いだけでなく、高校と大学での学習モデルの違いを大学に入ってから説明されることはありません。仮に説明されて頭ではわかっていても、それだけでは十分とは言えません。腑に落ちなければ姿勢や行動は変化しないでしょう。そのためのきっかけとして、実践活動があると考えられます。つまり、新入生がプロジェクトに参加して実践活動を行うことで、マインドセットが書き換えられるのです。この書き換えができた学生は、これまで見てきたように成長しているのです。このような書き換えが行われると、地域との実践活動だけでなく、バイトなどの経験、講義やゼミでの経験などから学び、他の活動に応用するというようなことができるようになります。その結果、講義やゼミといった座学による専門知識の習得だけでなく、コンピテンシーと呼ばれる汎用的能力の向上につながっていくのです。

このように考えると、単に実習の機会を設けて活動させるだけでも、教員などの大人が指導するということでもうまくいきそうにありません。本章での学生の成長過程を見る限り、実践活動のためのサポート体制を整えつつ、学生自身が気付くようにしていくことが重要なのです。

＊本章は、石谷百合加（２０１７）、「学生の主体的な学習を促す地域連携活動の取り組みに関する考察 ―より効果的な実践型教育の確立を目指して―」『インターンシップ研究年報』第20号、１～9頁を加筆・修正し採録したものです。

第3章
地域で学ぶ、地域も学ぶ
―地域活動の誕生、展開、効果―

高橋　秀直

はじめに

本章では、地域活動を効果的なものにするための方法について考えてみましょう。大学と地域が連携するという話は、今では珍しくありません。しかしながら、そのエピソードは、非常にうまくいっている時点での話であったり、そのような活動を通じた学生の学びや教育効果について議論したりするものが多いように感じます。実際のところはどうなのでしょうか。とりわけ、これまで十分に検討されてこなかったと思われる地域側の視点に立って考えていきましょう。

本章では、地域連携のスタート・アップ期に生じる困難について紹介した上で、連携活動自体が変化していくこと、そのような活動を通じて地域側に生じる効果について検討していきます。その上で、大学と地域との連携が上手くいくためのポイントについて考えていきます。

地域連携の難しさ

大学と地域が連携することは、最近多くみられることです。この本でも様々な連携活動が紹介されています。それでは、最初から連携活動が、つまり学生と地域の大人たちが一緒になってスムーズに活動することはできるのでしょうか。

このような連携活動を行うことを決める当事者である各組織や団体のトップや担当者、コーディネーターは、その意義や目的について理解しているものの、実際に一緒に活動するメンバーが十分に理解していなかったり、消極的な姿勢であることも多いです。例えば、「学生に何ができるの？」とか「メンドーだな～」などと思う人もいることは想像できるでしょう。このような姿勢の人が多数を占めている場合、どのようにして活動を軌道に乗せていくのでしょうか。

エピソード１：地域から見た大学生

大学の周辺には、多くの学生が下宿しています。また、通学時には多くの学生が街を歩き、周辺の飲食店で昼食を食べたり、夜には飲み会などをしています。地域と学生の距離は近く、双方に理解があり、活動はスムーズに進みそうです。しかし、大学が所在する地域と連携するには、センターを開設してから４年もかかりました。

なぜ時間がかかってしまったのでしょうか。その答えは、一言で言ってしまえば、多くの地域の人にとって学生は、異邦人であり迷惑集団のように映っており、そのため両者には大きな溝があったからなのです。地域に大学があることで、学生向けのワンルームマンションやアパートの建設が進み、新たな住民が増えるものの町内会に入るわけでもなく顔の見えない存在でした。従来から地域に暮らしている住民側からすると、今まで地域が築いてきたコミュニティが大学の存在によって崩れていくという危機感がありました。また、学生は入学すると同時にその地域に住み始めるけれども、地域の人と交流するわけでもなく、地域の行事に参加するわけでもありません。その上、ゴミ出しなどのルールに従わない人や、夜に（酔っぱらって）騒ぐような人もいます。すべての大学生が、そうではないということはわかっていても、大学生に対するイメージがそもそもよくないことも多いのです。また、学生のマナーについて大学などに相談や要請をしても、状況が変わらなければ、「裏切られた」というような思いを抱くこともあるでしょう。

大学周辺での活動のスタートは、４２１Ｌａｂ．が警察から小学校の登下校時間に通学路に立つという子どもの見守りボランティアを依頼されたからでした。ボランティアをします、と集まった大学生は、当日、指定されたスポットに立とうとしたところ、その場で初めて顔を合わせた年配のボランティアの男性らから口を揃えて「邪魔だから帰れ、帰れ」と怒鳴られてしまい、大学生はその状況に耐えきれず涙をこらえながら大学へと戻ってくるということがありました。学生がボランティアとして一歩を踏み出した矢先の出来事でした。

学生自身も自分たちがなぜ帰れと怒鳴られたのか、全く身に覚えがない状況だったので、後日、４２１Ｌａｂ．のコーディネーターがその年配の男性と話をしました。すると、次第に「帰れ」と言った背景が浮かび上がってきました。それは、数年前にあるゼミに所属する学生が、見守り活動に戦隊モノの衣装を着て行っていた時期があり、面白がってマスコミからも取り上げられたりしたものの、卒業と同時に活動が途切れてしまったという事があったそうです。見守り活動を30年近く継続している人たちからすると、学生らが勝手に活動を始めて、なんの実績もないのに注目ばかり集め、自分たちの都合で終わらせてしまったということに対して、「あまりにも責任感がない。場（自分たちの町内）を荒らされた」という被害者意識を持っていました。

これらは数年前の話なので、怒鳴られたのはこの件には全く関係のない学生でしたが、同じ大学生というだけで怒りがこみ上げてきたようです。このように、地域から見れば学生は、たった4年間で卒業していなくなる「そともの」です。そのような学生がどこまで本気で地域のことを考え、一緒に活動するのかということについて疑いがあることもあるでしょう。学生あるいは学生と一緒に活動することについて、誰もが好意的に思っているのではなく懐疑的であったり、不信感を持っていたりと、非常にネガティブな状況ということもあるのです。

このような事件があったものの地域との協働を諦めずに、どうしたら連携ができるのかを一緒に考えたのが、地域の市民センターのA館長でした。市民センターの館長とは、市から委嘱を受け、まちづくり協議会をはじめとした地域団体との連携及び連絡調整役であり、地域活動やボランティア活動の支援を行うなど、人と人を結びつける地域づくりのキーマンです。そもそもA館長も、以前から校区内に大学という資源があるにも関わらず、大学生と協働した活動ができていないことに対して問題意識を持っていました。

大学と地域とが連携するために、A館長と421Lab.のコーディネーターが話を進めていく中で、地域には空き家問題、ゴミの不法投棄、軽犯罪、自転車の盗難など様々な課題が存在しているこ

地域との交流が深まったことで声を
掛けていただいた、夏祭りへの出店

とがわかってきました。この様々な課題の中から、学生にも身近であるゴミ問題に注目しました。誰もが気軽に始めることができ継続しやすいことが地域活動に向いていると考え、月2回の清掃活動を始めて、現在は毎週行っています。

清掃に取り組む大学生の姿を見かけて挨拶を交わすことで、顔の見えない大学生から馴染みの大学生になっていき、この活動には学校終わりの小学生も参加し始めました。地域の夏祭りへの参加の声がかかり、次の年には出店やステージでの演舞の依頼があり、地域の夏祭りを通じての交流が始まりました。更に、大学の様子を地域の人に伝えて欲しいという要望に応えて、校区内に配布する『市民センターだより』の一枠を使って、大学の1年間の様子を紙面から発信しています。また、熊本地震が起こった際は、一緒に募金活動をしないかと地域から声がかかり学生が参加しました。世代を超えたこの募金は大いに盛り上がり、沢山の寄付金を集めることができました。交流の輪がさらに広がり、421Lab.と連携する前から市民センターが行っていた小学生向け生涯学習の講座にも呼ばれ、参加者の子どもの見守りを行うようになっています。この1年間の生涯講座の企画から運営までを現在は任されるようになりました。

このように、大学のコーディネーターだけでなく、館長という地域のコーディネーターがいたお陰で活動がどんどん進化していったのです。

現在でも、清掃活動は先輩から後輩に世代交代をしながら受け継がれています。「清掃活動は地域をつなげるコミュニケーション活動だ。掃除をしながらいろんな話をするが、それが楽しくて毎回地域の人が来る。中高生は別の校区からも来る。議員の奥さんや子どもたちも来た」とA館長が言うように、大学生が始めたこの清掃活動は、地域の人々と学生が様々なやり取りをする場となっています。

エピソード２：空気のような存在の大学生

このように最初からうまく活動できないというケースは、学習支援プロジェクトでもありました。そもそも学習支援のプロジェクトは、「学校支援地域本部」という文部科学省事業のスクール・ボランティアをベースとしたものです。このスクール・ボランティアは、学校・家庭・地域が一体となって子どもを育てる体制を整えることを目的としたものです。この体制の中には、大学生が地域の一員として授業や休み時間、放課後などに児童の学習支援をする「アシスタント・ティーチャー（以下、ＡＴ）」という活動も含まれています。４２１Ｌａｂ．の学習支援プロジェクトは、大学生をＡＴとして派遣し、児童の学習支援を行う活動のことです。

現在では学習支援のボランティアは一般的になっていますが、支援をスタートした当初は、このような仕組みの現場への落とし込みや活動に対する理解が十分ではありませんでした。そのため、本来は授業に入り先生をサポートするという趣旨の活動でしたが、学生に与えられた居場所は子どもがいる教室ではなく、図書室や職員室でした。ATの導入には、教師の負担を軽減し児童の学習効果を高めるという期待がありましたが、先生の中には自分の授業を他人にみられたくないというような思いがあり、サポートをするために大学生がクラスに割り当てられても、ボランティアは必要ないといって教室から突き返されることもありました。そのため、大学生は図書館で本の整理をしたり、職員室のメールボックスで郵便の仕分けをしたりするような日々が続きました。このような状況に、学生の中には「私は何のために小学校に行っているんだろう」と悩み、心が折れてしまいそうな者もいましたが、大学教員の励ましなどにより1学期を乗り越えていきました。

夏休みを終えた2学期になると、少しずつ教室に入らせてもらう機会も出てきました。しかし、担任との事前の打ち合わせもなく役割も持たずに入るため、教室内でただ突っ立っているだけで、本来のサポートという役割を果たすことができていませんでした。

しかし、ATの存在意義が発揮されるような出来事が生じました。ある日、授業中の私語や立ち歩きが多い小学5年生クラスに大学生がATとして入りました。この歳の児童は反抗期を迎え始め、先生が注意すると対立しがちですが、大学生が少し上のお兄さん、お姉さんの立場から接することで、小学生も心を開き始め言うことを聴くようになったのです。スクール・ボランティアとして地域コーディネーターをするＢさんも、「40代後半のベテラン教師が受け持ちの２年生のクラスでどうしても言うことを聴かない子を廊下に出した。その４～５分後にＡＴがすっと廊下に出て子どもに声を掛け、自分の判断で一緒に教室に入った。それ以降、その子はちゃんと先生の方を見て勉強するようになった」と印象に残ったエピソードとして披露してくれました。このような小さな変化を積み重ね、徐々に他のクラスにも大学生が必要とされるようになりました。次に必要とされたのは、規律や集団行動に慣れていない小学１年生クラスや難易度が急に上がる算数で戸惑う子どもが増えて授業が混乱しやすい小学４年生クラスなどで、大学生ＡＴへの入室や協力の依頼が増えていきました。

児童たちも「お兄さん」「お姉さん」が来るのを心待ちにしている

このように当初は、お客様扱いで空気のような存在の大学生でしたが、地道に活動に取り組む姿勢によって、徐々に受け入れられていきました。そういう些細な変化や効果は、ＡＴに対する違和感を薄れさせていき、小学校全体に大学生ＡＴを受け入れる風土が生まれていきました。すると他校から異動してきた先生も、大学生ＡＴのいる環境にすぐに慣れていったのです。

ただし、学生の活動だけではなく、ここでも地域側に支援する人がいました。先ほどの地域コーディネーターのBさんもその一人です。「地域コーディネーター」とは、学校教育活動（教育課程内支援・教育課程外支援）への教育支援人材や教育プログラムなどの導入にあたり、学校と教育支援人材、あるいは教育支援人材間の連絡調整などを行い、実質的な運営を担っている地域のボランティアです。

大学生も講義の空き時間を活用して参加するため、いつもいるとは限りません。曜日や時間によって人数も違うため、出欠の管理が分かりやすいように、職員室のホワイトボードにスケジュールを書き込むなど、先生方から受け入れられやすいように工夫をしてくれました。また、空き部屋を大学生の休憩室とし、何かあればすぐに地域コーディネーターが学生の相談に乗れるような仕組みも作ってくれました。学生の中には、アルバイトやサークルなどに関心が移ってしまいそうな学生もいましたが、自分の苦労話なども織り交ぜながら、活動に対する意味付けをするなど、学生のモチベーションにまで気を配ってくれています。

さらに、Bさんは「ATにも給食を」と学校やPTAと交渉し、大学生が小学校の教室で給食を食べることを実現してくれました。給食は単にお腹を満たすということだけでなく、職員室や教室で先生や児童と話をしながら食べることで、より一層打ち解けることができ、当初の「お客様」からこの学校の一員として認められたような気持ちを与えたのでした。

このような地域コーディネーターの支援と上述のATの活動が評価されたことによって、大学生A

Ｔは小学校に受け入れられていったのです。現在では、学生がいることが日常風景であり、ＰＴＡの保護者だけでなく、総合学習の指導で来ている婦人会や老人会などの人も、「今日も学生さんが来てますね」と気にかけています。このような取り組みは全国的にも先駆的なものであり、その功績が評価され、２０１３（平成25）年度には文部科学大臣表彰も受けています。

以上２つのエピソードのように必ずしも当初の目的や趣旨に沿った形で連携活動がスムーズにスタートするわけではありません。これまでの経緯などによって、反目しあう形でスタートすることもあります。そのような状況から活動を軌道に乗せるためには、地道に活動を続け地域の信頼を獲得していくこと、地域と交流すべく働きかけていくことが必要です。また、地域側にも活動の目的や趣旨を理解し、学生の味方となって相互交流や相互理解を進めるために動いてくれるような人が必要です。この地域側の理解者・支援者の存在が、新しい試みとなる大学と地域連携活動を軌道に乗せるためには必要なのです。

活動の進化

前節のエピソードにもあったように、清掃活動からスタートして夏祭りや小学生の生涯学習講座の企画・運営へと活動が変化していくことがあります。ここでは421Lab.のYAHATA“HAHAHA!”PROJECT（以下、YHP）を例にして、当初の活動内容から徐々に変化していく点をみていきましょう。

YHPは、2010年から始まり、現在9年目の活動です。北九州の八幡駅周辺を主な活動エリアとし、国際交流活動と地域貢献活動を行っています。国際交流活動と地域貢献活動という一見するとあまり結びつかない印象ですが、それは参加する学生と受け入れ先の組織が活動を続けてきたことで生まれた進化なのです。

そもそもプロジェクトが開始されたのは、421Lab.とは全く異なるところでした。きっかけは、このプロジェクトの受け入れ組織であるY社に対するJICA九州からの地域連携についての相談でした。両者で企画していく中で、学生を巻き込むようなアイデアが生まれたのでした。スタート当初は、不定期に、複数の大学の学生に声をかけ、八幡駅周辺をJICA九州の研修員を案内するといった「まちあるき」活動でした。421Lab.の設立に伴い大学側からの誘いもあり、継続的な活動を期待して、421Lab.での活動となりました。

このプロジェクトは国際交流と地域貢献という2つを主な活動としています。前者の国際交流活動については、そもそもの始まりがJICA九州の相談がきっかけで研修員を案内するということからも容易にわかると思います。現在では、街歩きに加えて料理教室や正月イベントなども行っており、国際交流は中核的な活動であり続けています。

では、地域貢献活動とはいかなるものでしょうか。国際交流活動として、JICA九州の研修員を案内したり、八幡エリアの地図（例えば、買い物マップ）を英語で作成したりしています。そのための事前準備として実際に八幡エリアを探索する中で、あるいは研修員である外国人をアテンドする中で、地域の持つ様々な資源が発見されていきます。そのような地域の魅力を生かした活動が、（このプロジェクトに限らず）実施されるようになっています。

また、外国人や地域の人とのやり取りの結果、両者の抱える問題を解決することも行っています。例えば、外国人が買い物をする場面を想定しましょう。まず、彼ら・彼女らは、どこにお店があるのか、どんなものが売られているのかがわかりません。このような問題に対して、プロジェクトでは買い物マップを作成したりすることで解決しています。一方で、地域のお店からすると、語学の問題から外国人の来店に対して消極的であったりします。店舗内マップの作成や実際にお店に外国人を連れて行き両者を引き合わせながら案内することで双方の問題を解決しています。

このようにＹＨＰは、国際交流だけではなく、地域価値の発見や地域課題の解決といった地域貢献の側面も有しています。（国際）交流からスタートし、そのための地域の価値の発見や地域課題の解決へと活動が徐々に質的に変化したのは、本書冒頭のケースに登場したＭさんのように、もっと八幡という地域に目を向けたいという学生側の視野や思考の拡大と、それをサポートしていったＹ社の存在があったからなのです。

このような活動の質的な変化は、ＹＨＰに限ったことではありません。前節でみたように地域のゴミ拾いから様々な活動へと派生していきました。エピソード１のＡ館長は以下のように述べています。

「グリーンバード[注1]以外にも様々な連携がある。生き生き子ども講座[注2]もその一例で、北九大にサポートをお願いして快諾してもらった。参加学生は少ない時で5人、多い時は10人以上。講座は長年やっているものだが、大学生と結びつくことで強化された。子どもたちが慕ってくるので学生にとっても楽しい。学生に子どもと関わる体験をしてもらいたい、という私の願い通り、今の子どもたちを知りたい、関わりたいと思う学生が参加している。その流れで、スタジオアリスなど子ども関係の企業に就職した学生もいる。

北方校区の夏祭りの企画会議からにも参加してもらい、夏祭り当日にも深く関わってもらっている。校区の役員は70代から80代で保守的になり、新しいことはもういい、去年やったように今年も、となっている。そこに学生が入り、若い元気なエネルギーをいただいて元気になる、笑顔が増える。そこに希望を感じる」（A館長インタビュー）

これらのケースが示すように活動が継続していく中で、スタートの際の目的や趣旨を拡大する形で活動内容の質的な変化や派生的な活動が生まれ、結果として学生の学びも、地域側の学びも深まっていくのです。この活動の進化は、決して短期間で起こっているのではありません。活動がある程度長期的に継続していく中で、双方が理解しあったり、学びあったりしていく中で生じています。

また、活動の当初は、交流のようなものからスタートしながら、地域の資源や価値の発見とその活

郵 便 は が き

料金受取人払郵便

8 1 2 − 8 7 9 0

博多北局
承 認
7255

169

福岡市博多区千代3-2-1
麻生ハウス3F

差出有効期間
平成31年10月
31日まで

㈱ 梓 書 院

読者カード係 行

ご愛読ありがとうございます

お客様のご意見をお聞かせ頂きたく、アンケートにご協力下さい。

お名前《ふりがな》	性 別（男・女）
ご住所 〒	
電 話	
ご職業	（ 歳）

梓書院の本をお買い求め頂きありがとうございます。

下の項目についてご意見をお聞かせいただきたく、
ご記入のうえご投函いただきますようお願い致します。

お求めになった本のタイトル
ご購入の動機 1書店の店頭でみて　2新聞雑誌等の広告をみて　3書評をみて 4人にすすめられて　5その他（　　　　　　　　） ＊お買い上げ書店名（　　　　　　　　）
本書についてのご感想・ご意見をお聞かせ下さい。 〈内容について〉 〈装幀について〉（カバー・表紙・タイトル・編集）
今興味があるテーマ・企画などお聞かせ下さい。
ご出版を考えられたことはございますか？ ・ある　・ない　・現在、考えている

ご協力ありがとうございました。

用、地域課題の発見とその解決といったものへと変化しています。このことから、大学と地域の連携において、ハードルの低いことからスタートし、継続していく中で、徐々により高度なものへと変化させていくことが必要なのかもしれません。

連携の効果

このように地域が大学と連携することで、どのような効果が得られるのでしょうか。以下では、主に3つの効果についてみていきます。

第1の効果として、既成概念の打破という効果があります。連携する地域や企業などの組織では、ある活動を効率的に行うために、あるいは継続している結果として、ルーティン化、マンネリ化してしまいます。また、活動に参加する人や社内の人間は、大学生に比べると年齢層も高く、人数も限定的です。その結果、現在の活動や業務以外への関心が薄れたり、特定のバイアスのかかった情報が流れたり、変化への対応について消極的になっていったりします。この問題を緩和するために、若者のアイデアなどを期待して連携していることが多いです。実際にＹＨＰでも、新たな地域資源の発見や、視点の違いによる新たな価値の発見などが生じています。

また、文学プロジェクトでも、学生の発想に驚かされたことがあるそうです。文学プロジェクトは、森鷗外や松本清張に代表されるような北九州にゆかりのある作家にスポットを当てながら、文学の町としての地域のブランド化を目指しているプロジェクトです。この受け入れ先である北九州市役所のEさんは、ふりかえりながら2つのエピソードを披露してくれました。

まずは、活動開始当初の2015年度に開催された森鷗外旧居でのお茶会イベントでした。「鷗外の『鶏』という小説にちなんで旧居に鶏を放したらどうか、という学生の想定外の発想に驚かされた。この企画は実現しなかったが、鷗外が好きだったワグナーの音楽を流すアイデアや、1日に2回、学生と市民が鷗外や文学について語り合う語り場という企画は実現できた。高齢の文学ファンはすごくうれしかったようで、当時のメンバーと鷗外ファンの交流はその後も続いたようだ」と言います。

2つ目のエピソードは、2017年11月の小倉ブックフェス[注3]の一環で行ったミッションゲーム999です。

「このゲームは京町銀天街を中心としたエリアに隠されたミッションをクリアしていくというもの。参加希望者は文学プロジェクトのSNSで事前に申し込む。小倉城をバックにチーム全員で写真を撮り、それをSNSに投稿して100点、というように30のミッションにそれぞれ配点があり、学生が務める事務局で集計して総得点の高い人が優勝となり、銀天街協賛の賞品を得る。ミッションの多くが〝K文具店の前でポーズを決めて写真を撮る〟など、地元商店街に絡むものとなっている。目標の100人には届かなかったが、50人を数えた参加者の多くが10代や20代で親子連れも多かった。文学関係の講演会などは参加者が60代以上ばかり、というのが通例であり、これは画期的な成果と言える。自分ではＳＮＳを活用したイベントは思いつかない。運用も細かいし、すごいと思った」

とふりかえっています。

このように学生の発想やアイデアが、大人たちの発見や内省を促しているのです。これは、学生が地域にとって外様だからこそ生じるものです。地域の人にとっての日常や常識が通じないから生まれるのです。

もちろん、このような考え方だけでなく、その行動力も大きな影響を与えています。例えば、同じようなアイデアでも、社員など大人ではなかなか話すら聞いてもらえないような場面でも、学生の提案であれば話を聞いてもらえ、協力を得られる場合も多いといいます。そういう意味では、大学生は地域の緩衝材としての役割を果たしたり、新たな繋がり（協働の体系）を生み出す役割を果たしたりするのです。

第２の効果は、ネットワークの拡大です。ネットワークの拡大というと、学生側の効果のように感じますが、実は地域側にも生じているのです。このような地域活動は、地域に学

鷗外旧居イベントの様子

生を受け入れてもらって、（学生側から見れば地域に入り込むことで）学ぶという趣旨からすれば、学生側が大人との相互作用を通じて、そのつながりを構築し発展させるというのが通常です。確かにそういう効果もあるでしょう。しかし、地域側にも同様の効果が生じているのです。そもそも学生が持つネットワークと地域の持つネットワークは異なることからすれば、当然と言えば当然です。

例えば、絆プロジェクトです。小倉でお好み焼店を営むCさんとの関係は、東日本大震災関連プロジェクトの学生から、「被災地支援のために焼うどんを焼きたいので教えてほしい」と依頼されたことからスタートしました。Cさん自身も２０１１年11月に、東北に行きボランティアとして活動しており、学生の依頼に共感したことが快諾した理由でした。その後、北九州市の「わっしょい百万夏まつり」で市役所からコラボレーションを持ち掛けられた際に、Cさんは学生も加えることを提案しました。その結果、誕生したのが北九州市役所危機管理室と４２１Lab.とCさんのお店による絆プロジェクトです。

学生のネットワークが生かされたのは、２０１７年の九州北部豪雨の時です。Cさんは、被災地の東峰村にも行って炊き出しを行っています。きっかけは、わっしょい百万夏まつりの出店が台風のため中止になり「残った食材を被災地支援に役立てられないか」とCさんが学生に相談したところ、炊き出しという形で意見が合致し、Oさん（本書の冒頭のケースに登場する大学生）が、「すぐに手配します」と1日で調整を行い、実現したそうです。

このように学生と地域ではネットワークが異なります。絆焼うどんプロジェクトは、Cさんが基点となり市役所と学生の三者によるプロジェクトが生まれました。九州北部豪雨の支援では、学生や４２１Ｌａｂ．の持つネットワークが生かされ、迅速な支援が実現しました。異なるネットワークを活かすことで、新たな活動が誕生したり、課題が解決したりするのです。

『絆』焼うどんのバックグラウンドストーリー

第３の効果は、地域コミュニティの構築です。現代において、地域コミュニティの再構築が主張されています。地域コミュニティとは、伝統的には自治会や町内会など地縁的な組織であり、社会環境が変化していく中で、とりわけ都市部や農村部において衰退しています。地域コミュニティには、生活の相互扶助や祭事のような伝統の維持、まちづくりなどの機能を有していました。伝統的な地縁的なコミュニティの衰退に伴って、これまでとは異なるコミュニティが求められています。大学と地域が連携する活動はコミュニティの再構築の１つの方法ということができるでしょう。例えば、本章で取り上げたゴミ拾いの話は、ほぼ接点もなく、お互いに良い印象を持っていなかった者同士が、地域活動を通じて理解し合い、認め合いながら地域課題に取り組む5つの集団となっていきました。このケースは、コミュニティの創造ということができるでしょう。このコミュニティには2つの役割があります。1つ目は、ソーシャル・キャピタルを生み出し、熟成させる場という役割です。ソーシャル・キャピタルとは、協調的行動を容易にすることにより社会の効率を改善しうる信頼・規範・ネットワークなどの社会的仕組みの特徴のことです（Putnam, 1993）。[注4] ソーシャル・キャピタルが蓄積されると、治安や経済、教育、健康などにプラスの影響があるとされています。この新たなコミュニティは、そのソーシャル・キャピタルの基盤になるのです。2つ目は、学習の場という役割です。学生にとっての学びの場であるということは、改めて言及する必要はないでしょう。それに加えて、地域の大人にとっても学びの場なのです。先述のように、大学生という若い人たちの考え方を知るというだけでなく、自らの地域や組織について見直すきっかけにもなります。また、時には大学生に対して「先生」のような役割を果たすことで、日々の取り組みや姿勢を見直したり、より高い視点を有することができるようになるなどの成長機会になると考えられます。

まとめ

最後に、地域と大学生が連携していくためのポイントについて検討しましょう。

本章でみてきたエピソードや証言からすると、地域が大学生と連携することによって得られる効果を最大限に引き出すためのポイントとしては、４つ考えられます。第1に、学生に幅の広い道を走らせながら横で伴走するという姿勢です。大学生との連携においては、マンパワーやアイデアに対する期待が多いことでしょう。しかし、大人側が作った枠組みの中で、「これをやってください」という感じでは、期待した大学生のアイデアなどを得ることは難しいでしょう。逆に、すべてを大学生に任せて分業化してしまっても、大学生のアイデアなどを地域で使いこなすことができません。その微妙な距離感として、学生には幅の広い道を走ってもらい、自分たちは横で伴走するというものです。実際にプロジェクトを受け入れている人のスタンスは以下のようです。

上述のＹＨＰのＤさんは、「私がこのプロジェクトをやるときに絶対に守りたかったのは、学生さんを単なるマンパワーではなく一緒に考えてもらう仲間として来てほしかった」と述べています。その上で、「変なところに行きそうだったら確かに『ちょっとそこおかしいよ』って言ってあげるのが私たちの大事な役目」だとも述べています。つまり、学生を仲間ととらえ、ある程度の自由を認めながらも、親や教育者としての目線で見守るというスタンスをとっているということです。この点は、実際にYHPに参加している学生も感じており、「広い道を用意してくれ、そこから外れそうになったり、ちょっと危なくなったりするとサポートしてくれて、ちょいちょいと戻してくれる感じ」とコメントしています。

また、文学プロジェクトのEさんも同様のことを述べています。

「企画に際して留意しているのは、北九州の文学を発信するという当部の使命と、学生がやりたいことに齟齬が生じないこと。その枠組みを外れない限り、学生に自由に考えてもらっている。当初はある程度こちらが枠組みを作ったうえでアイデアを募っていたが、徐々にゼロから考えてもらった企画にこちらから助言やお願いを加える形になった」

「当初は協力を得るスタンスだったが、421Lab.の報告会や新入生向けの説明会に同席し、421Lab.の役割を知って、学生をただ単に手伝ってくれる労働力のように考えては絶対にいけないと思うようになった。活動を学生が成長する機会であると考え、学生が考えたこと、やりたいことをできるだけいい形でやってもらうためのサポートができるよう心がけている」

このようにプロジェクトの目的や趣旨に反しない限り学生に自由の発想や活動を認め、その横で見守り、適宜指導や修正を加えるという姿勢が重要なのです。

第2のポイントは、地域側に学生を支援してくれる大人がいるということです。地域と学生の連携はそう簡単に有意義なものとはなりません。地域活動に参加する学生の中には、いい加減な者もいるでしょうし、大人から見ればまだまだ未熟な者も多いでしょう。そういう学生に対して、憤りを感じる地域の方もいるでしょう。そもそも学生との連携に対する理解が乏しい方も多いでしょう（それが普通かもしれません）。そういう状況において、学生の盾となり、学生と地域の間に立つような地域側の大人の存在が、極めて重要になってきます。本章で登場したA館長やBさん、Y社のDさんのような方です。地域に対して活動の意義を説きながら、大学生と地域がうまく融合するための工夫や努力を行いつつ、学生の至らない所などを適宜指摘するような存在です。このような支援者の存在なくしては、地域活動、とりわけスタート・アップ期には、うまくいかないことが多いのです。

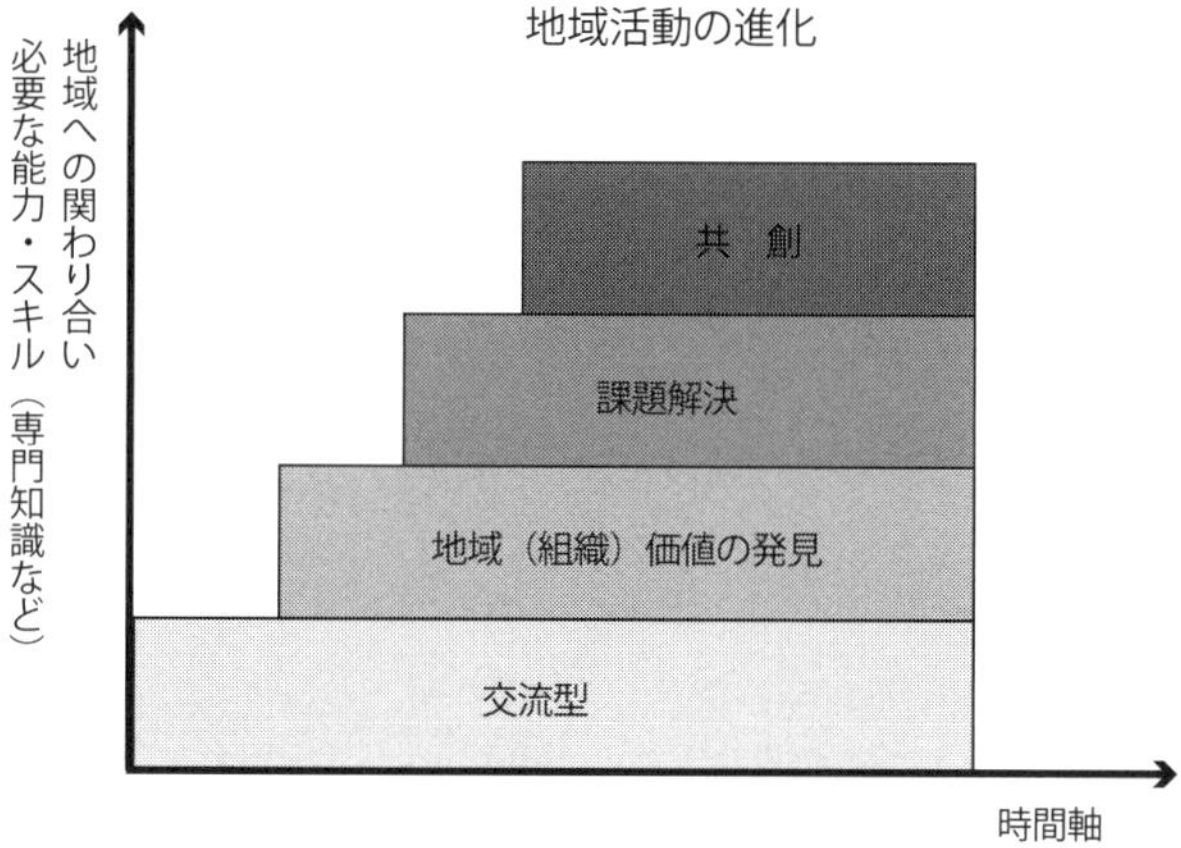

このような重要な役割を担う地域側の大人は、マネジメントなどを実践してきた人が多いようです。本章でも登場したA館長、Bさん、Dさんは、民間企業でトップやミドルとしてマネジメントを経験し、地域活動にもかなり関わってきた人なのです。例えば、A館長は、専務や結婚式場の管理職としてトップマネジメントに携わりながら、ロータリークラブ

などの活動をしていました。Ｂさんも民間企業を定年退職したのちに、学校支援地域本部のコーディネーターになっています。ただし、地域活動においては、自身の子供の小学校時代にＰＴＡ会長を務めたり、小学校区で子供会を32年間、体育委員会を21年間担当したりしていました。ＤさんもＭＢＡ（経営学修士）を取得した現役バリバリのトップマネージャーであり、様々な地域の活動を行ったり、行政関係の委員などを務めたりしています。このような人々はマネジメントを実践していく中で、様々な利害や考え方を持つ個人や組織との調整を行ったり、部下などの人材育成なども経験しています。また、地域活動も積極的に行ってきたことで、地域の信頼を有しています。このような人が、大学と地域の連携活動において、学生の学びにも地域の学びにも重要な役割を果たしているのです

第３のポイントは、活動は交流からスタートすることです。地域と大学が連携して地域課題を解決するなどという話を聞くと、何やら大変そうだし、難しそうに感じるかもしれません。しかし、本章で見てきたように国際交流やゴミ拾いといった、取り組みやすい課題や活動からスタートして、徐々に派生させたり発展させたりしていくということが可能なのです。このことからすれば、比較的「簡単な」活動からスタートして、学生と地域が相互作用を通じて理解し合い、信頼関係を構築していく中で、徐々に活動を進化させていくということが重要なのです。

第４のポイントは、継続性を前提とした仕組み作りです。活動を進化させていくためには継続性が必要です。しかしながら、学生は４年で卒業してしまいます（休学や留年がなければの話ですが）。しかも地域活動に関して言えば、１年生や２年生が中心であり、就職活動などの存在を考慮すれば４

年間も継続する学生は非常に稀です。とすれば、学生よりも長期に携わる存在が大学に必要になります。その存在が421Lab. のようなセンターやコーディネーターの存在です。とりわけ重要なのは、地域側と直接やり取りを行うコーディネーターです。地域と学生の双方の意見や相談に基づいて調整したり、トラブルを解決したりする中で、地域との間に信頼関係を築くことができるからです。彼ら・彼女らの存在が、活動の目的や趣旨、ノウハウなどを継承させていき、さらに活動を進化させていくこともできるようになるのです。現在、大学側のコーディネーターの配置に関しては、任期付きの雇用形態が多いようです。3年や5年でコーディネーターが交代してしまうと、今までのネットワークやノウハウが途切れてしまいます。業務の引き継ぎはできても関係の引き継ぎまでは難しいのです。ただし、同様の問題は、地域側のコーディネーターなど担当者が、大企業の社員のように異動が行われるような場合にも生じます。このような点をどのように解消していくかが今後の課題といえるでしょう。

注1　グリーンバードとは、エピソード1の北方区域で行われている清掃活動。
注2　エピソード1にも登場した小学生の生涯学習講座。
注3　小倉ブックフェスとは、2017年11月5日~26日に北九州市の小倉エリアで行われた文学とアートのお祭り。

注4　Putnam, R. D., R. Leonardi & R. Y. Nonetti, (1993) *Making Democracy Work : Civic Tradition in Modern Italy, Princeton University Press.*（河田潤一訳『哲学する民主主義―伝統と改革の市民的構造』）

第4章
プログラム開発とコーディネーターの役割

石谷百合加
村江　史年

はじめに

日々、大学には数多くの要請が地域から持ち込まれますが、それらのすべてに対応することはできません。では、どのような基準で選び、さらに学生の教育効果を高めるために、コーディネーターはどのようなことをしているのでしょうか。

これまでにも大学には、「産学連携」という形で、研究・開発、新事業の創出といった、実社会との繋がりを持っていました。この大学と社会との繋がりについては、教育行政の後押しもあり、地域連携やボランティア活動として、文科系の学部にも急速な広がりを見せています。

そもそも地域から寄せられる相談内容は、生活に密着する身近なことが多く、社会的な課題を含むものが多いため、生きた教材となり得ます。地域活動に参加することが、学生の大学での学びの関心と理解を高め、人間的・社会的な成長に寄与するだけでなく、地域住民の社会的関心の向上と地域経済の活性化にも寄与するものとして注目されているのです。

そのため、多くの大学において、地域連携のための相談窓口、あるいは地域活動の拠点としてボランティアセンターが設置され始めました。このような大学のボランティアセンターは、社会福祉協議会のような一般的なボランティアセンターの機能とは異なり、学生の成長を支える教育的な側面への配慮がより一層求められます。

また、大学と地域の連携が生じると、センター内の職員と教員の協働が不可欠になります。なぜならば、地域と連携をするにあたり大学内の各部局や教職員との調整（学内調整）と実際に協働して活動を行う行政や企業などの外部組織との調整（学外調整）が必要となり、それらを迅速に処理していくためには、役割分担しながらも綿密なコミュニケーションが必要になるからです。

このような点を踏まえると、大学での地域活動を行うためには、様々な調整を行いつつ、活動をより教育的なものへと進化させる役割を担う人材が重要になってきます。このような人材はコーディネーターと呼ばれています。このコーディネーターについては、その職務を職員で担当するのか、もしくは、専門人材を配置するのか、そもそもその人員配置の必要性はあるのかなど、大学によっても考え方は様々です。実際に取り上げられる全国の地域連携の事例をみると、地域と大学の間に入って地域連携の実現を支援するコーディネーターの存在が注目されていますが、全国的にもまだ少なく、実際にどのように行われているのか十分に説明されていません。

ここでは、北九州市立大学地域共生教育センターの事例より、コーディネーターが直面する地域組織と大学教育機関との連携の実際について触れたいと思います。

運営体制

学生の成長を支える教育的な効果を促進するために、地域共生教育センターでは、職員だけでなく

２名の特任教員がコーディネーターとして配置されており、職種の壁を越えて職員と教員の協働で運営しています。センター内では、大学職員とコーディネーターの教員が机を並べているため、一見、その役割や違いが分かりにくいですが、大学職員は事務局として地域活動しやすいように学内調整をする部分を担い、コーディネーターは専門性を活かして地域との連携や活動のプログラムの開発を担っています。お互いの仕事をカバーしながらも基本的な役割分担ができているため、それぞれの強みを活かせる理想的な運営体制を構築することができています。

地域組織と大学教育機関との連携の難しさ

大学側が地域社会に出ることで大学生の成長の場にしたいと考える一方、地域が大学と連携するのには別の思惑があります。例えば、理系などの産学連携の場合には、研究開発費のコストダウンや優秀な学生の人材獲得などが挙げられますし、地域連携で多いのは、人手が足りないので若い力で手伝って欲しいといったような、マンパワーを当てにしているようなものです。

このように大学と地域との連携・協働の背景にあるそれぞれの事情は違いますが、なぜ連携したい

学生が目的意識を持って活動できるよう、
プログラムを開発する

のか、連携することでどのような効果を生み出すことができるのかなどをお互いに考える必要があります。また、教育活動としての理解です。実践では失敗から学ぶことも多いため、連携先にはある程度の失敗に対しては寛容に受け止めていただく余裕をもっていただかなければなりません。

つまり、大学と連携をするということは、大学生の人材育成に関わるということをしっかり伝え、それらを理解してもらうことが前提となります。そのうえで「一緒に連携したい」という声があれば、受け入れ先の協力体制や教育的観点などを整理し、対応が可能であるかを総合的に判断し、プログラム作成の検討に入ります。

特に学生が取り組む地域活動は、すぐに成果が現れるものではないため、受け入れ先には事前に期待に対する調整が必要となります。

このような一連の調整を行うのがコーディネーターです。これらの調整交渉を事務作業とするのであれば、コーディネーターの職務は職員となりますが、教員が担当して教育機会の１つとして捉えて調整することで、プログラムの可能性がより広がっていきます。

次は魅力的なプログラムをどのように開発するのかについてみていきたいと思います。

プログラム開発について

地域に開かれた大学として地域の課題を相談できる体制を整えるのは、大学としての責務である一方、地域側の依頼をそのまま受け入れてしまうと、学生を無償の労働力として提供するだけになってしまいます。地域活動に参加する学生の多くは、時間が空いているから参加するのではなく、時間を空けて参加します。つまり、活動を通じて自分自身を磨きたい、人脈を広げたいといった様々な期待を持っているため、単なる労働力として使われたという思いを一度でも受けてしまうと、学生は地域に出ていくどころか地域活動から離れていってしまいます。これでは、地域と大学の理想的な関係をつくることができません。

そこで、地域からきた依頼については、受け入れ先の協力体制や教育的観点等を整理し、大学として関わる優先順位をつける必要があります。

そのため、地域からの要請（下図）は、「受け入れ先の関わり合いの程度」と「教育的な要素」という2軸の組み合わせで整理することができます。

まず、受け入れ先の関わり合いとは、連携を依頼してきた地域の各組織や団体が、大学生と連携することの意味についての理解度や学生とどの程度関わり合ってくれるのか

地域活動のタイプ

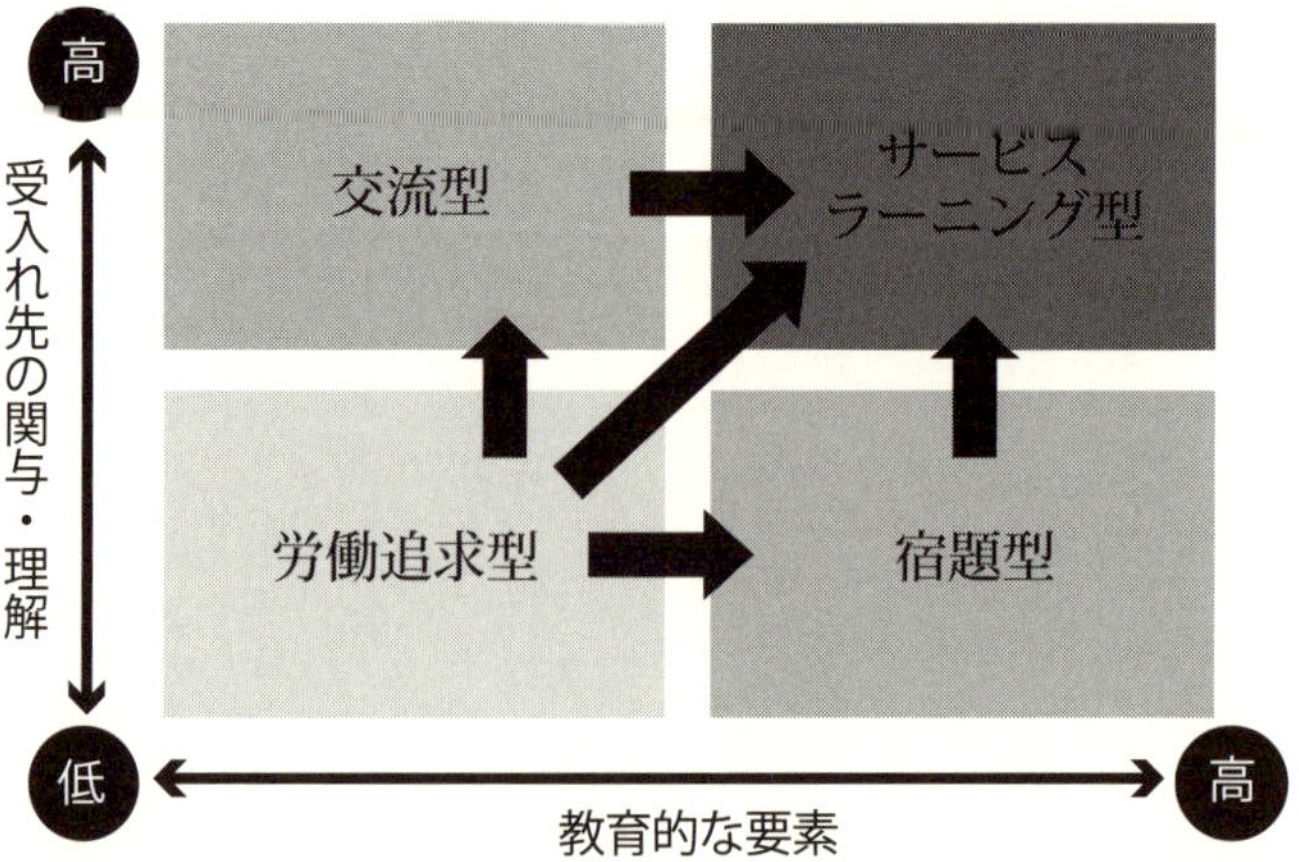

というものです。とりわけ重要なのは、１つの重要な教育機会であり、活動を通じて大学生の成長を促したいという大学側の意図を理解し、そのような視点から学生に対して適宜必要なアドバイスをするなどの関わり合いを持ってくれるかという点です。

次に、教育的な要素とは、学生が取り組む題材として、社会的な意義や教育的な意義があるかという点です。社会的な意義とは、活動を通じて地域や社会に対する興味関心を深めることができるかという視点で、教育的な意義とは、大学で学ぶ諸理論の活用可能性や社会人基礎力と呼ばれるような汎用的能力（コンピテンシー）を伸ばすことができるかという視点です。

このような受け入れ先の関わり合いと教育的要素という２つの軸で考えると、地域活動は大きく４つのタイプが存在することになります。まず、右上のタイプが教育的な要素も多く、関わり合いの高いタイプで福祉や教育実習にも近い、理想的なサービス・ラーニングになります。これをサービス・ラーニング型としておきます。逆に左下のタイプは、教育的な要素も少なく、関わり合いも少なく、もっとも理想から遠いものです。このタイプはマンパワーを当てにしたものと考えられます。これを労働追求型としましょう。そして、右下のタイプは、教育的要素は多いものの関わり合いが低いものです。これは、地域側からお題をもらい、それに対して学生が調査などに取り組み、地域側に提案するようなものがイメージされます。これを宿題型（ホームワーク型）としましょう。最後に左上のタイプは、教育的要素はやや少ないものの、積極的に関わってもらえるようなものです。これを交流型としましょう。このように地域からの要望に対しては、受け入れ先の協力体制などにも目を向ける必要があり、それらが共に高い場合には、実習と言えるような理想的な環境（サービス・ラーニング型）で活動できます。

しかしながら、ほとんどの地域活動は、受け入れ先の関与や協力体制、教育的な要素が共に低い労働追求型のボランティア活動です。これでは学生が使い勝手のいい無償の労働力になってしまいます。地域連携を行う大学側のコーディネーターとして必要なことは、地域からの依頼に対して学生の学びを担保するため、右上のゾーンに近づけるように働きかけて、地域の理解を得なければなりません。

もちろん、このような働きかけをしても、必ずしもすべての依頼が右上（サービス・ラーニング型）になるわけでなく、右下（宿題型）や左上（交流型）ということもあります。その場合は、右下（宿題型）であれば、座学や専門知識の応用、実践が中心となるプログラム、左上（交流型）であれば、コンピテンシーの育成が中心となるプログラムとして作りこみ、活動を継続させていく中で、徐々に右上（サービス・ラーニング型）に発展させていくような働きかけを行う場合もあります。

このように、コーディネーターは、地域から持ち込まれる様々な要請について、そのまま連携活動として学生を出していくのではなく、学生にとっても地域にとっても実りある機会とするための調整が求められます。したがって、コーディネーターは、大学と地域を単に「繋ぐ」という存在だけでなく、地域に対して様々な働きかけを行ったり、場合によっては地域の受け入れ先団体同士を紹介することで新たな連携（ネットワークづくり）を構築するような役割も求められるのです。

それでは、実際にプロジェクトを新しく立ち上げ、進めていくには、コーディネーターはどのようなことをやっているのでしょうか。一般的には労働追求型のイメージが強く、かつ十分な事前準備が困難と思われている災害支援のケースで見ていきましょう。

災害支援のケース

本学における災害時支援とは

本学では２０１６年4月に災害時緊急支援チームを立ち上げました。災害が発生した後、おおよそ１週間から10日間を目途として被災地に開設される災害ボランティアセンター（以下、災害ＶＣと表記）の運営支援に特化して学生ならびに教職員を派遣する活動を行っています。災害ＶＣとは、主に被災した地域の社会福祉協議会が中心となり、ボランティアによる助けを必要としている被災者の方と、全国各地からやって来るボランティア希望者とをマッチングして、復旧・復興活動を促進させるためのボランティア拠点のことをいいます。

そもそも災害ＶＣの運営支援に特化するようになったのは、８年前の東日本大震災の現地派遣での経験が大きく関係しています。

東峰村災害VC宝珠山サテライトの様子

２０１１年３月に発生した東日本大震災において、学生達から「何かやりたい」との声が上がったのを契機に東日本大震災関連プロジェクトを立ち上げ、夏季、春季の長期休みの期間を利用して１週間の現地派遣活動を行いました。この活動は５年間継続され、計10回で１６９名もの学生が参加しました。

　派遣活動の最初の１、２年間は、現地に開設された災害ＶＣを通じて、瓦礫の除去や側溝の泥出し作業等の活動を中心に行いました。災害ＶＣの受付は朝９時から始まり、連日多くのボランティアが長蛇の列を作ります。確実に仕事を手配してもらうため、１時間以上も前からこの列に並びました。その後、仕事を手配されると、作業に必要な資材を借りて各自現場に移動し、現場ではボランティアリーダーの指示に従って作業を進めます。各現場には、ボランティアリーダーという役割の方がいて、現場の状況や安全管理について説明してくれます。余震への注意、休憩時間の配分などボランティアの安全を最優先して活動できるように気を配りながら、その上で、ボランティアが持っているポテンシャルを最大限に発揮できるよう、チームを統制していくのです。また、住民の方とコミュニケーションをとったり、災害ＶＣとの連絡、調整などを行います。実に見事な仕事ぶりでした。

その時に気づいたのは、２種類のボランティアの存在でした。私たちのような現場で指示を受けて動く一般ボランティアと、一般ボランティアを上手く配置し動かすボランティアです。

災害ＶＣにできる長蛇の列の原因は、マッチングするまでの複雑さにあります。支援が必要な現場が数多く、それぞれ事情が異なります。各々の事情にあった支援の展開を計画し、必要人数の配分などを決めます。女性ボランティアが多い場合は近くにトイレがあるか、また、現場は徒歩で行ける範囲ばかりではないため、ボランティアの移動手段があるか否かなど、ボランティア側の事情も考慮したうえで割り振り、支援先とマッチングをしていきます。これらは、災害の混乱の最中にある災害ＶＣとしては大変な作業ですが、人数が多くいれば解決するという単純な問題ではありません。刻一刻と変化する被災の状況を的確に把握し、必要なことは何かを判断できる人材でなければ、逆に足手まといになってしまうのです。

これらの東日本での現地派遣の経験から、一般のボランティアを動かすボランティアリーダーのような、災害時に対応できる人

災害および派遣学生数

災害名	派遣依頼先	活動内容	人数
東日本大震災（2011）	—	VCを通じた活動や仮設住宅の交流	169
広島豪雨災害（2014）	福岡県防災危機管理局	安佐南区・安佐北区災害VCの運営	26
熊本地震（2016）	熊本市社会福祉協議会	熊本市災害VCの運営	96
九州北部豪雨（2017）	福岡県社会活動推進課	東峰村災害VCの立ち上げ・運営	123
西日本豪雨（2018）	北九州市社会福祉協議会	北九州市災害VCの立ち上げ・運営	24

材を育てることこそが私たち大学の目指すべきことではないかと考え、北九州に帰ってきた後に、福岡県消防防災指導課が県内の大学生を対象として実施した災害ＶＣ設置運営訓練に学生達を参加させました。また、北九州市社会福祉協議会が同様に行う災害ＶＣ研修にも定期的に参加をしました。

そうした経験を有していたため、２０１４年7月に発生した広島土砂災害では、福岡県から研修に参加した県内の学生を対象に、広島市安佐南区災害ＶＣの運営支援ボランティアの募集があり、本学として初めて学生を災害ＶＣの運営に派遣しました。そこで学生達は、実際に被災地での災害ＶＣの運営支援を体験することで、学生として災害ＶＣでできることをより具体的にイメージすることができるようになりました。

こうした経緯から、大学生が災害時に果たす役割の1つに、災害ＶＣの運営は大変有効であることが分かりました。そこで、２０１５年3月に北九州市と防災人材の育成を目的とした防災協定を締結した際に、地域共生教育センター内に災害時緊急支援チームを設置し、災害ＶＣの運営支援を活動の中心に据えました。

大学生の教育的効果について

大学生が災害ＶＣの運営支援に携わることで、大きく3つの教育的効果が得られるような工夫をしています。

① 自ら考え行動する力

②　積極的にコミュニケーションをとる力
③　防災意識の向上

①　自ら考え行動する力

被災地では、不測の事態が多々起こります。それは、災害ＶＣ内も同様です。不測の事態の中で、自分から考え、率先して動くことができる力が養われます。例えば、熊本の災害ＶＣの運営支援の際、地震の影響でゴミの回収が一時停滞していたため、生ゴミなどが腐敗して衛生環境が悪くなると判断し、学生達が協力して分別できるゴミ箱を作成するなど、災害ＶＣ内の環境改善を図ったり、長蛇の列で混乱する受付の様子を見た学生が、機転を利かして受付の段取りをわかりやすくまとめたボードを作成し、待ち時間を少しでも短くするため事前に書類の準備を促すなど、混雑を解消する行動をとりました。後で聞くと、「大学生がいなかったらボランティアセンターは回らなかった」と職員の方も言ってくださっていたようです。このように、ただ与えられた仕事をこなすのではなく、何が求められているか、何が必要なのかを見極め、行動に移すことができるようになります。

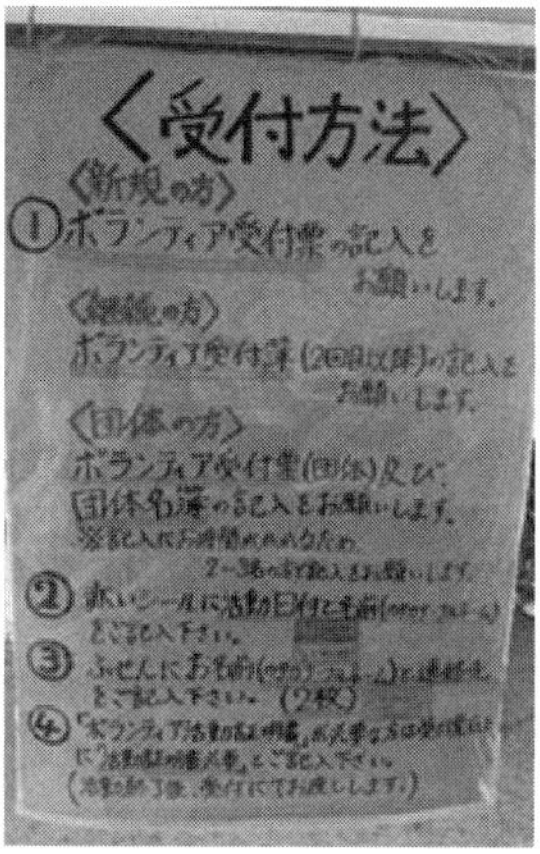

学生が作成した受付をスムーズにするための看板

② 積極的にコミュニケーションをとる力

災害ＶＣは他県からの応援職員も多く、必ずしも毎日同じメンバーで災害ＶＣを運営できるとは限りません。そのような、人の入れ替わりが激しい現場であるため、正確な引き継ぎや声掛けが重要になります。また、災害ＶＣ内では、ボランティア受付や資機材の準備など、細かい班に分かれて活動を行っているので、班ごとの連携が欠かせません。このような状況で、コミュニケーションが大変重要となってきます。

また、被災者からのボランティア依頼の電話を受け、困りごとを聴き取りボランティア依頼票に起こしていく作業では、単に困り事だけを聴くだけではなく、依頼者の現在の生活状況や健康状態を確認することで、気になることがあれば行政や病院への引き継ぎへと繋がるため、相手と積極的にコミュニケーションを図る力が養われます。

③ 防災意識の向上

被災地で様々な人達の支え合う姿を目の当たりにしたボランティア経験から、相互に助け合いが必要であるという共助への視野が広がります。そのため、日頃から災害に備えることの重要性を感じ、備蓄品を準備したり、災害に関する研修会に参加したりと、自分自身の防災意識の高まり以外にも、周りの人々にも伝えたいという他者への啓蒙の意識が芽生えてくるのです。例えば、自主的に大学内や地元のデパートで被災地の写真展を開催して被災地の様子を伝えることで風化防止のメッセージを発信したり、積極的に小学校で防災教室を開催したりと、防災に対する意識を自分事だけでなく地域社会へ伝え、備えるための啓蒙活動を行うようになりました。

支援物資の搬入作業

被災者からの電話対応

活動先をマッチング

以上のように、大学生が災害ＶＣの運営に携わることで得られるものとして３つの効果が挙げられます。災害支援のようなボランティアは、工夫しない限り労働追求型の活動になりがちですが、災害ＶＣの運営支援に携わることで、より多くの学びを創ることができます。

そのためには、日頃からどのような準備が必要なのでしょうか。次は、コーディネーターが具体的にどのような働きかけを行っているのか、災害前（平常時）、派遣直前、派遣中、派遣終了後と４つのフェーズに分けて見ていきます。

コーディネーターの果たす役割

災害前（平常時）の準備

① 連携先や外部組織との関係づくり

災害が発生すると、社会福祉協議会が中心となり災害ＶＣが開設され、災害情報は行政が開催する情報共有会議から提供されます。

社協の方をお招きしての
災害VC設置運営訓練

地域の防災会議に参加をする
学生の様子

そのため、災害発生後に瞬時に活動を行うためには、日常から社会福祉協議会や行政機関との顔の見える関係を作ることが非常に重要です。例えば、社会福祉協議会では、定期的に災害ＶＣの立ち上げ訓練を行っているので、学生と共に参加します。そうすることで、いざ立ち上げる際の状況をシミュレーションできるだけでなく、実際に社会福祉協議会のスタッフと学生双方の顔が見える関係を作ることができます。その他にも、社会福祉協議会や自治体が実施している防災講座において講師を担当しており、その中で防災の話をしたり、学生の災害時の働きを紹介したりすることで、災害時に学生が果たす役割について外部組織への理解を促しています。

②「学ぶ」機会を創る

日常からの取り組みとして、座学と実践の両面から学ぶ機会を創っています。

座学では、防災の基礎基本を学ぶ講義を開講し、学部に関わらず誰もが受講できます。北九州市との防災協定の締結により、新たに開講された「地域防災への招待」という科目では、北九州市危機管理室と本学の教員とで講師を務めるオムニバス形式で講義を行っています。

実践では、災害発生時にスムーズに災害ＶＣの運営支援ができるよう、社会福祉協議会から講師を迎えて、災害ＶＣ設置（立ち上げ）訓練を大学の体育館で行っています。模擬訓

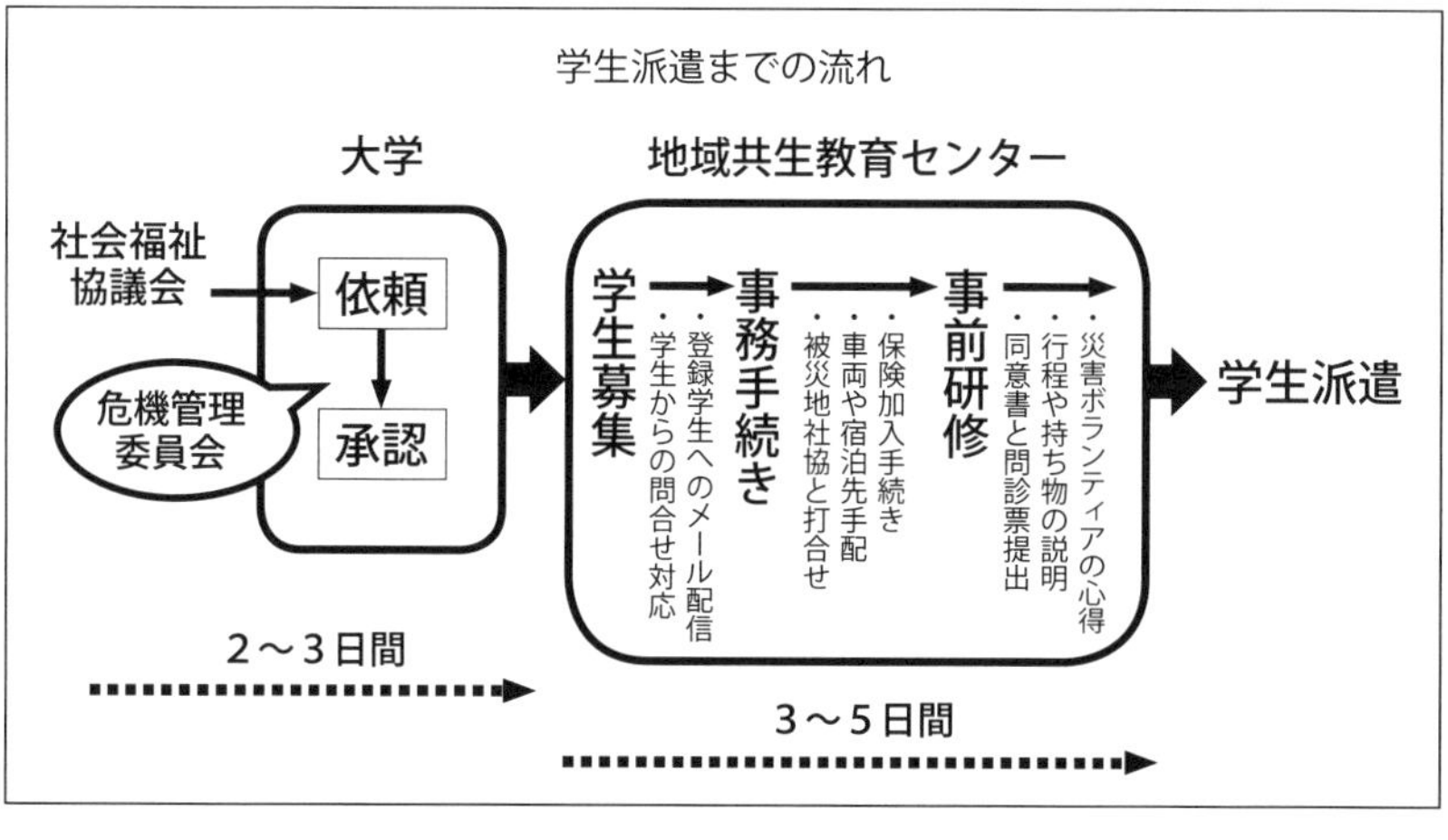

練を通して、活動の流れや手順、作業場の注意点など、災害現場での知識や被災者への理解が深まるほか、社会福祉協議会と大学との連携も強化されます。

また、北九州市内で開催されている地区防災会議に、学生ファシリテーターとして参画しています。これを通じて、年齢層が異なる様々な立場の住民の意見に触れながら、議論をリードしたり、集約したりするなど、日頃から地域住民とコミュニケーションを図る機会を創っています。

災害派遣直前

① 災害派遣に伴う現地との調整

いざ災害が発生すると、情報収集が必要となります。ただし、災害が発生して3日間程度は、こちらからの連絡は避けるようにしています。なぜなら、災害発生後72時間は人命救助を第一とした緊急期の活動に携わっておられる可能性が大きいからです。3日間程度経過した後は、徐々に各種連携先（社会福祉協議会や自治体の危機管理担当など）から、現地の状況はどうなっているのか、ボランティアを必要としているのか情報を収集するようにします。仮に必要としている場合、具体的にどのようなタイミングで何処にどういった支援が必要かを明確にするようにします。その後、連携先から依頼が来た場合に備えて、ボランティア保険への加入の確認や災害時緊急支援チームへの準備の呼びかけを行っています。

②リスクマネジメント

災害支援活動の中で特に大切にしていることは、現地での安全確保です。二次被害の発生等の危険があるため、学生の活動場所や宿泊場所、さらには避難方法等を考慮して派遣の有無を検討します。学生が災害ＶＣの運営支援に関わることは、大学として最も考慮しなければならない学生の安全を確保することに繋がります。なぜなら、災害ＶＣは被災地域の中でも比較的安全が確保された場所を選び設置されるからです。地震発生直後の余震が続く不安定な状態の中で、被災者の家屋などの現場に入り片付けを行うのではなく、災害ＶＣにおいて資材の準備や各種手続き、調整などを行います。さらに安全性の担保という点では、学生が活動する際の受け入れ先が社会福祉協議会ということもあり、大学は安心して学生を送り込むことができます。

③派遣のための事前研修

正式に災害ＶＣへの派遣が決まると、参加学生を対象とした事前研修を必ず行います。ボランティア保険や装備品、スケジュールの確認などに加えて、ボランティアに参加をする上での心構えやこれまでの派遣での様子などを伝えることでモチベーションを高め、チームとしての一体感を創るよう心がけています。

派遣期間中の役割

① 活動内容の調整

災害VCでの活動は多岐に亘ります。被災者やボランティアからの電話対応、災害車両やボランティア参加者の車両の誘導、ボランティア活動に使用する資機材の準備、ボランティア保険やボランティア活動証明などの書類の手続きなどです。

社会福祉協議会の職員の方は、通常の業務と並行して災害VCの運営を行っていたり、他県からの応援職員であったりと、必ずしも毎日同じメンバーで災害VCが運営できるとは限りません。そのような、人の入れ替わりの激しい現場であるため、災害VCのスタッフとコーディネーターが連携を図り、参加学生の過去の経験値を鑑みて、適材の所に配置をしていきます。

② 学生の体調管理とメンタルケア

非日常の慌ただしい雰囲気の中で、活動に没頭して体調を崩す学生もいます。そのため、コーディネーターは、休憩や水分補給をするように絶えず声をかけ、学生の体調に注意を払います。

災害VCの運営支援にあたるということは、一般のボランティアと被災者の両者の窓口になることであり、学生であってもクレームを受けることも少なくありません。過去に、被災者の電話対応をした際に、「ボランティアに行きますと言っておいて、いつまで待たせるんだ。この役立たず」と電話越しに怒鳴られた学生がいました。被災者がイライラしてしまうのも無理はありませんが、学生はそのような理不尽な状況に遭遇することに慣れていないため、正面から受け止めてしまい泣き出しそうになりました。「気にしない、気にしない」とコーディネーターはそっと声をかけて励まします。このような理不尽な体験は大人でも辛いものです。必ず毎日の活動終了後にはふりかえりをして、その日にあった出来事や感じたことをコーディネーターや参加学生達と共有するようにしています。また、その中で改善すべきことがある場合は、災害ＶＣのスタッフに伝えて協力してもらうようにします。

　このように、ストレスや体調の変化に気を配り、休憩や水分補給の声かけなど安全管理に気を配るのもコーディネーターの役割です。

派遣終了後

現地での活動から更に学びを深めるために、以下の２つのふりかえりの機会を設けています。

①　報告書の作成

災害ＶＣへの派遣が終了した後は、必ず報告書を作成しています。学生に、派遣期間中に体験したことや感じたことをレポートとして提出してもらっています。学生自身に活動をふりかえってもらい、今後に活かすこと。活動のノウハウを蓄積し今後に活かすこと。大学側に学生の成果を報告するようにしています。

② 報告会の開催

前述のように、学生派遣を本人たちだけの体験で終わらせるのではなく、活動報告をする機会を必ず設けています。報告の機会を作ることで、災害支援を体験した学生達が発表に向けた準備を通じて、自分たちの行ったことを客観的に捉え、学び直しを促します。また、活動報告会に参加した学生達も同世代の学生の報告を聴くことで、災害ボランティアや防災に関する興味や関心を高めることに繋がります。さらに、発表する機会は大学だけではなく、住民向けに行われる地域の講座などに呼ばれて講演することもあります。

まとめ

教育効果を高める工夫

このように、労働力がメインと想定される活動でも、コーディネーターが工夫することによって様々な活動を教育効果の高いものに変えることができるのです。

本事例以外には、イベントなども学生に多く依頼がある活動の1つです。

例えば、まちの賑わいづくりなど、「地域活性を目的としたイベントなので、学生ボランティアの

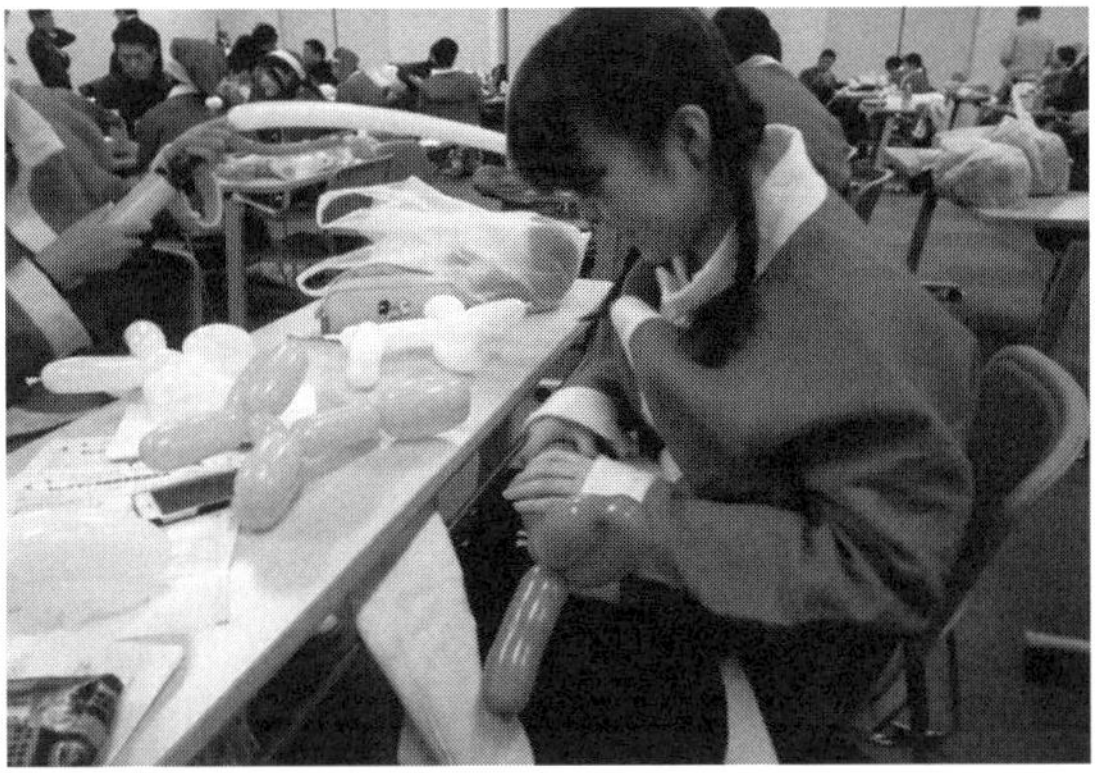

「学生さんにイベントを盛り上げてもらいたい」という依頼も少なくない

力を貸してほしい」と相談に来られます。学生は、純粋に「公務員の仕事を間近で見られますよ」という言葉に惹かれて参加しますが、実際は、会場内の案内や清掃、駐車場の整理など、イベント会社が請け負うような内容の仕事をボランティアとして無償で学生に任せます。学生は当日の簡単な打ち合わせで持ち場につくため、一般来場者から質問を受けても答えられず、「アルバイトなのにそんなことも分からないのか」と来場者から怒られる始末です。中高生の体験学習のレベルであれば、盛況なイベント会場の雰囲気が味わえ、来場者の応対をするだけでも学習になるのでしょうが、残念ながら大学生の場合は、イベントそのものの本質を感じとることができない活動からは、ほとんど教育効果は得られないと感じています。

このようなイベントなどに関わる場合は、なるべく早い段階でコーディネーターが受け入れ先とやり取りをして、学生に開催の背景や目的、なぜ自分たち学生に声がかかったのか、何を期待されているのかをしっかりと理解できるような体制づくりが大切になります。その上で、できるだけ学生が責任をもって主体的に運営できるブースやコーナーを担当できることが望ましいです。その出展にあたり学生自身にテーマを考えさせ、フィールドワークなどを挟みながら企画を立案し、主催者に自分たちの考えた企画のプレゼンテーションをします。その後、修正などを繰り返しながら準備することで、1つのプログラムを組むことができます。

特にフィールドワークでは、実際に場所を訪れて、直接観察したり関係者に聞き取り調査を行ったりすることで、アポイントを取るところから地域社会と接点を持ち、調べることで視野を広げることができます。そして、その結果を分かりやすく伝えるために、情報を編集しなければなりません。このような一連の学習ループを作ることが、より学びを高めることができるのです。コーディネーターの役割は、学生の足が止まらないように絶えずヒントを与えながら見守っていくことです。そのためには、コーディネーター自身が常に地域社会とつながって情報収集できる状態が必要となります。

プログラム開発におけるポイント

プログラムを開発する上で、下表のような視点を取り入れると、実践活動に学びを取り入れることができます。

プログラム開発の視点

1	活動の背景が社会的な課題や地域の課題である
2	学生が興味を持ちそうな問題意識からのスタートができる
3	調査・分析・企画・立案・実行のサイクルを経験できる
4	決まった事の繰り返しやルーティン業務ではなく、創造的な活動である
5	全体を把握しつつ、担当の仕事ができる
6	アウトプットする場がある（作る）

これらの視点を元に、１年間のサイクルで短期的に達成感を味わえる仕組みを設ける必要があります。なぜなら、一般的に地域活動が一定の成果を出すまでには、ある程度の時間がかかります。しかし、１人の学生が活動に関わる期間は、わずか1年か2年が大半です。そのため、活動は身近なところから小さく始めて、短期的に達成感を味わえる仕組みが必要となります。学生のプロジェクトは、辞めることも続けることも本人に委ねられており、最初から負荷がかかりすぎると継続することが難しくなり、途中で辞めてしまう学生がでてしまうため、プロジェクトが軌道に乗り活動が育ってきたら、その際に少しずつ活動の幅を広げていく。このような考えが、プログラム開発を行う際には重要となります。

受け入れ先団体への理解・協力体制の確立

このような仕組みを設けるためにも、受け入れ先の理解や協力が必要不可欠です。また、受け入れ先には、学生を仲間として受け入れていただくと同時に、教育的な役割を理解していただく必要があります。導入準備では、なぜこのような活動が必要かといった課題や背景の整理を行い、活動を通じて身に着けて欲しい力の到達目標の設定など、学事日程を意識した活動のスケジュール作りをお願いしなければなりません。また、参加学生の志望動機や活動に対して何を期待しているのかなどを事前に頭に入れてもらうことは、学生を理解していただくためには大切なことです。単に書類のやりとりを行うだけでなく、受け入れ先の担当者とコーディネーターが日常的にコミュニケーションを図り、信頼関係を構築することが重要です。

コーディネーターの資質

以上を踏まえた上で、コーディネーターに必要な資質は、特定の領域だけに精通するのではなく、広く様々な事柄に理解や関心を持つことです。地域の課題は、様々な分野があるように見えますが、それらの本質は繋がっていることが多いのです。コーディネーターがそのことを理解し、必要な時に必要な人を繋ぐことで、活動の広がりや深まりを持たせることができます。逆に、あまりにも特定の領域に精通している場合は、固執してしまい視野が狭くなる危険性があります。そのため、人々の思いを受け止めながら対話を重ね、調整する実行力とバランス感覚が必要とされるのです。

今後は、特定の大学だけでなく、小・中・高と様々なステージで、地域連携が進むことが予想されます。そのためにも多くの実践例を蓄積し、それらを外部へ広げていくことが期待されています。

第5章
大学と地域をつなぐ
―プラットフォームとしての421Lab.―

石川 敬之

大学と地域活動

第1章でみたように、地域での活動を通じて学生たちは貴重な学びを経験し、一回りも二回りも成長していきます。またそうした学生を受け入れ、学生と共に活動する地域にも様々な変化がもたらされます。学生らの真摯な活動に刺激され、自分たちも真剣に地域と向き合っていくことで地域に活気がもたらされます。さらに、実際に地域の課題解決にもつながっていきます。地域で学ぶ学生の活動は、こうして学生の成長と地域の発展に貢献することになります。

さて、このような学生と地域に大きな影響を与える学生による地域活動ですが、一方でそうした実践をどのように行っていけばよいのでしょうか。そのアプローチのひとつとなるのが大学におけるボランティアセンターや地域連携室などの存在です。現在、多くの大学では、学生による地域活動の重要性が広く認識されるなかで大学と地域とを結ぶ役割を担う組織や部署が設立されています。非営利活動法人ユースビジョンの調査によれば、2016年末現在、全国の155の大学（キャンパス）にボランティアセンターが設置されていることが明らかになっています[注1]。当然、そうしたボランティアセンターの組織形態や運営方法などは大学ごとで異なっており、例えば専属の教職員が配置され独立した組織として設置されている大学もあれば、学生支援室や総務課などの部署内に配置されている場合もあります。あるいは大学生が自主的にそうした組織を運営し、そこに一部の教職員が「ボランティア」としてかかわっているようなケースもあるようです。ただユースビジョンも指摘するように、近年ではボランティアにかかわりたいと考える学生が増えるなかで、独立したボランティアセンターの設置が進みつつあります。地域からの相談やボランティアの募集も増え、また地域に出て活動したいとする学生らの思いに応えるうえでも、大学におけるボランティアセンターの重要性が高まってきたと言えます。

大学ボランティアセンターの機能

では大学に設置されるボランティアセンターの機能とは一体どのようなものなのでしょうか。そもそも大学に設置されるボランティアセンターには非常に様々な役割が求められます。地域と大学・大学生をつなぐことはもちろんのこと、大学として次世代の人材を育てることも重要になります。逆に言えば、この役割を担ってこそ大学のボランティアセンターだと言えます。

具体的に見ていきますと、まず大学のボランティアセンターには地域から寄せられる様々な地域活動の情報をまとめ、学内に発信していくことが求められます。また、その情報は単なる無償労働の募集ではなく学生の学びに資するものであることが必須となりますので、大学のボランティアセンターとしては、そのような学びが促進されるように学生をサポートしていかなければなりません。これも大学におけるボランティアセンターの重要な仕事となります。

また大学のボランティアセンターは、地域に対しても学生を受け入れてもらううえでの教育的配慮をお願いすることになります。学生と地域、それぞれのニーズをマッチさせることではじめて、お互いにとって有意義な活動になると言えるからです。ただ、こうした学生と地域の幸せな出会いをつくりだすことは簡単ではありません。地域と学生の様々なニーズを把握し、かつ両者をうまくつなぐためには多くのプロセスが必要になります。その意味で、大学のボランティアセンターが地域からの活動募集の情報を学内に発信する際には、地域での活動の内容を詳しく説明しなければなりません。またボランティア保険などの案内も必要ですし、もしトラブルなどがあればそれにも対応しなければなりません。さらに地域から寄せられる活動内容には長期にわたる取り組みを必要とするものもあり、そうしたものの多くはプロジェクトを組んで活動することになりますが、このような活動に対してもボランティアセンターの継続したフォローが必要になってきます。こうして大学におけるボランティアセンターのタスクは増えていくことになります。

大学ボランティアセンターのあるべき姿とは
―地域共生教育センター（421Lab.）を通じて―

増加する地域や学生からのニーズ、地域における活動内容の高度化、そして大学として本来果たすべき教育的指導……。大学のボランティアセンターには多くのことが求められますが、現在の大学におけるボランティアセンターは、どこも厳しい制約の中で運営せざるを得ない状況にあります。例えば、人材不足はとても大きな問題です。本来であれば、専門の職員やボランティアコーディネートの資格を持った人員が配置されることで学生と地域をより良くつなぐことができると言えます。しかし現状はそうではありません。専属のボランティアコーディネーターを設置している大学は、まだまだ少数です。したがって多くのボランティアセンターでは、学生の地域活動とそれを通じた学びの実践が十分に確保されているとは言い難い状況にあるかもしれません。

そうしたなか､本書で取り上げている北九州市立大学の地域共生教育センター（421Lab.）は、学生の地域活動と学びのサポートに成功しているケースだと言えます。第１章から第３章でも見てきたように、421Lab.に参加した学生は地域での活動を通じて大きく成長しています。地域のリアルな課題と向き合い、また市民や仲間との協働を経験することで大学の講義とは異なる貴重な学びを得ています。学生のそうした学びと成長は、地域と学生をうまくつなぐことのできる仕組みを持った421Lab.だからこそ実現できているものだと言えます。では、この421Lab.はどのような経緯を経て設立され、また学生と地域をどのようにつなぐ仕組みをもっているのでしょうか。以下、詳しく見ていきたいと思います。

421Lab.の開設

北九州市立大学の地域共生教育センター（421Lab.）は、2010（平成22）年の4月21日に開設されました。開設の目的は、「地域社会における実践活動を通じて次世代を担う人材の育成を目指すとともに、本学の地域貢献活動をより広く進めていく」というものでした。また大学が立地する北九州市には解決すべき地域課題が多く見られ、公立大学の責務としてもそうした課題に取り組む必要がありました。こういう背景のもと、421Lab.は学生と地域をつなぎ、かつ地域貢献と人材育成を目指して開設されることになりました。

421Lab.の開設にあたっては、文部科学省のGP事業への申請と並行して進められました。応募テーマは「地域創生を実現する人材育成システム —地域を復活させる地域創生力開発—」で、教育的な要素を含む「ボランティアセンター」の立ち上げと地域活動を通じた実践的教育を全学的に進めるというものでした。結果として申請は採択され、その後、学内の「ボランティアセンター設置準備委員会」にて本格的に421Lab.の設立に向けた検討が開始されることになりました。[注2]

当初、センターには、特任教員2人と事務職員1人を置くことが定められました。また全学的な教学組織として位置づけられることで専任教員を置くことも可能になりました。これは他大学との比較で言えば、非常に充実した人員体制であったと言えます。ちなみに現在は事務職員が2人となり、センター長を含めて６人体制で日々の運営がなされています。

一方、正式名称である「地域共生教育センター」ですが、これは同センターが「地域の発展と次世代を担う人材育成」を目指すものであり、また、単なる地域活動の情報提供を行うだけでなく、学生の学びを促進し支援していく役割を担う組織であったことから、「共生」と「教育」という言葉が取り入れられました。こうして平成22年４月21日に「地域共生教育センター」は開設の日を迎えることになりました。その後、「４２１Ｌａｂ.」という愛称で親しまれるようになったセンターは、本学学生と地域とをつなぐ存在として、その重要な役割を果たし続けていくことになります。

プラットフォームとしての４２１Ｌａｂ.
―地域と大学のつなぎ方―

それでは、大学と地域をつなぐという役割を果たすために４２１Ｌａｂ.が実行していることについて具体的に見ていきたいと思います。

４２１Ｌａｂ.というのは、いわば大学と地域をつなぐ「プラットフォーム」だと言えます。４２１Ｌａｂ.には、日々、様々な人が行き来します。大学生と一緒に活動したい地域の方、キャンパスを飛び出し地域のために活動したい大学生、地元の企業や行政の関係者、さらには全国の大学の教職員の方々も視察に来られます。様々な人が421Lab.にやってきて地域活動に関する情報を伝え、また情報を得ていきます。みな、地域で活動したい、地域を良くしたい、地域のことをもっとよく知りたい、といった方ばかりです。421Lab.の果たす役割とは、こうした人々をつなぎ、まさにプラットフォームとして地域活動に関する情報と機会を提供することだと言えます。では、421Lab.が果たしている機能について、もう少し詳しく、421Lab.の事業内容と関連させながら説明していきたいと思います。

421Lab.が果たす役割

まず、421Lab.の最も重要な仕事のひとつとして、地域活動に関する情報の整理があります。開設当初から今日に至るまで、421Lab.には様々な情報や相談が寄せられています。それらは地域活動への参加募集に関するものだけでなく、セミナーや交流会などの告知であったり、あるいは、まだ具体的な活動になる前の事前相談であったりします。421Lab.では、これらすべてに対応できるわけではありませんが、それでも、それぞれの情報を整理しながら、各方面への発信とマッチングを行っています。

さて、421Lab.はそうして集まってくる様々な情報を整理していきますが、その際に重要な基準となるのが、学生の学びに貢献するものか、という点です。残念ながら、地域からの相談の全てが学生の学びにつながるというわけではありません。中には、人員補助のような依頼もあります。したがって４２１Ｌａｂ．の教職員スタッフは、地域から寄せられる要望の一つひとつを精査しながら学生の学びになるものを選んでいきます。そして個別の情報を有機的につなげ、学生にとって学びになり、かつ地域社会にも貢献しうる活動プログラムとして組み立てていきます。

一方、こうして整理された地域活動の情報を学内外に向けて発信することも、４２１Ｌａｂ．の重要な役割となります。情報発信の方法としては、登録メーリングリストの活用、案内ポスターの掲示、また最近では、各種ＳＮＳメディアの利用などがあります。メーリングリストの登録数は増加傾向にあり、現時点では、４２１Ｌａｂ．があるキャンパスに通う全学生のおおよそ3人に１人が登録しています。このメーリングリストは４２１Ｌａｂ．の職員によって管理され、随時、地域活動に関する情報が発信されています。また、案内ポスターの作成と掲示、およびＳＮＳによる発信は、この後で述べる学生運営スタッフによって行われています。こうした４２１Ｌａｂ．が発信する情報によって、大学と地域がつながっていくことになります。[注3]

続いてもうひとつ、大学と地域をつなげるために４２１Ｌａｂ．が行っている重要な仕事があります。それは、年間を通じて実施される様々な研修会や勉強会の企画と運営です。これらは地域活動に参加する大学生、および地域住民の方々を対象とするもので、地域での活動をより有意義なものにするために行われます。大学と地域をつなぐということは、単に学生を地域に送り出すことではありません。地域と大学がつながるためには、お互いが地域での活動の意義を理解し、共有しなければなりません。そして、お互いが協働を通じて深い学びを得ることで、表面的ではない本当のつながりがもたらされます。４２１Ｌａｂ．ではそうした理解のもと、地域活動の意義を学ぶための機会を年間を通じて提供しています。より具体的に挙げていきますと、まず新年度のはじめに「スタートアップ研修」を実施します。ここでは初めて地域活動に参加する新規のメンバーに対し、地域に出て活動する際の注意点を説明したり、自らの活動の目的や目標を確認してもらったりしています。また、共に活動するメンバーや地域の方々との顔合わせを行うとともに、チーム全体としての目的の共有なども行ってもらいます。[注4] 続いて、通常の地域活動が始まりますと、今度は大学のスケジュールに合わせる形で、夏季休暇の前後に「前期振り返り研修」と「後期スタートアップ研修」を行います。そこでは、それまでの活動を振り返るとともに、活動目標の再確認や新たな課題の洗い出しなどを行います。これらの研修を実施することで活動の中だるみを防ぎ、モチベーションを維持してもらうようにしています。さらに学期中には、地域での活動に役立つような各種の勉強会も実施しています。そして最後に、年度終わりの集大成として、１年間の活動の成果を発表するイベントを開催します。地域活動を行ったすべてのプロジェクトが集まり、その年の活動の成果や自分たちの成長、また来年度に向けた挑戦などを発表してもらっています。

　以上のような４２１Ｌａｂ．が実施する各種のイベントは、地域活動を行う大学生、および地域の方々に、より優れた地域活動を行ってもらうと同時に、そうした活動から多くを学んでもらうことを目的として実施されるものになっています。大学と地域社会がこれまで以上に深く関わっていくためには、同じビジョンを持ち、互いに学び合い、そして自分たちの活動の意義を共有する必要があります。それがなされることで、初めて大学と地域は深くつながることができると考えられます。こうした地道な取り組みが大学と地域をつなぐための第一歩だと考えています。

現在４２１Ｌａｂ.では、年間およそ３００人（２０１８年現在）の学生が地域での活動に従事しており、その活動人数も毎年増加しています。また地域の方々からも４２１Ｌａｂ.や学生の活躍に対して高い評価を頂いています。大学と地域をつなぐプラットフォームとしての機能を果たすことで、「地域社会における　実践活動を通じて次世代を担う人材の育成を目指すとともに、本学の地域貢献活動をより広く進めていく」という４２１Ｌａｂ.設立の理念は、今も引き継がれています。

地域共生教育センター学生運営スタッフ

さて、４２１Ｌａｂ.と地域との関係構築を語るうえで、もうひとつ忘れてはいけないのが「地域共生教育センター学生運営スタッフ」の存在です。学生運営スタッフとは、４２１Ｌａｂ.の日常的な業務や企画運営などをサポートしてくれる学生たちです。学生運営スタッフは日頃より４２１Ｌａｂ.の教職員と協力し、４２１Ｌａｂ.が開催するイベントや研修会の企画運営、また、４２１Ｌａｂ.に寄せられる地域活動の案内や広報などを行っています。さらに、学生運営スタッフらも地域に出向き、積極的に地域活動を行っています。421Lab.は、その設立以降、活動の幅を広げ、日常的な業務も多くなっていきましたが、学生運営スタッフはそうした状況に対応し、重要な役割を果たし続けてくれています。以下では、学生運営スタッフがどのような役割を担い、そしてどのように421Lab.の理念である「地域と大学をつなぐ」という目的の達成に貢献してくれているのかを見ていきたいと思います。

学生運営スタッフが担う幅広い役割業務について

学生運営スタッフは教職員とともに421Lab.の日常業務に携わります。その内容は多岐にわたりますが、まず最初に述べておくべきことはそれらは教職員の仕事の下請けではないということです。421Lab.の専任・特任教員は学生運営スタッフに対して指導やサポートを行いますが、教員が学生運営スタッフに仕事の指示をするわけではありません。学生運営スタッフは教職員が行う業務のお手伝いをするのではなく、文字通り、運営を担うスタッフとして、421Lab.で必要となる業務内容を自ら企画し、実行していきます。そして、そうした経験を通じ、学生運営スタッフは実務上の能力や知識、また仕事に対する責任感などを学んでいくことになります。それでは、もう少し詳しく、学生運営スタッフの仕事について紹介していきたいと思います。

学生運営スタッフの３つの役割

現在、学生運営スタッフの仕事は大きく３つの種類に分けることができます。それは、①学生の地域活動のサポート、②４２１Ｌａｂ．の広報、そして③自らの地域活動です。以下、順に見ていきたいと思います。[注5]

まずは、①学生の地域活動のサポートについてです。これまで述べてきたように、４２１Ｌａｂ．では日頃から様々な地域活動が実施されています。短期の個人で行う活動もあれば、複数の学生がプロジェクトを組んで活動するものもあります。プロジェクトベースの活動では、年間を通じて地域活動がなされ、その多くは年度を超えて継続していきます。学生運営スタッフは、こうした地域で活動を行う学生を教職員とともにサポートしていきます。例えば、前節でも述べた各種の研修や勉強会、また年度末の活動成果発表会などは、まさに学生運営スタッフがイベントの内容を企画し、当日の運営も担うことになります。

また学生運営スタッフは、日頃から、各プロジェクトと４２１Ｌａｂ.との円滑なコミュニケーションを進めるための役割も担っています。学生運営スタッフの各メンバーは、自らが希望した学生プロジェクトに正式なメンバーとして参加しており、プロジェクトの他のメンバーと共に地域活動に従事しています。また同時に、421Lab.からの連絡をプロジェクトに伝えたり、逆にプロジェクトの様子や要望などを421Lab.に伝えたりします。学生運営スタッフが各プロジェクトのメンバーとして参加していることで、421Lab.の教職員もそれぞれのプロジェクトの状況がよくわかり、結果として、プロジェクトの活動を適切にサポートすることができています。以上が、学生運営スタッフによるひとつの仕事です。

続いて説明する学生運営スタッフの仕事は、②421Lab.の広報です。421Lab.は大学と地域をつなぐ役割を担いますが、そのためには、まずは多くの方に421Lab.という存在を知ってもらう必要があります。421Lab.の役割や利用の仕方を知ってもらうことで地域活動に関する情報も広く活用されるようになるためです。学生運営スタッフは、そうした421Lab.の広報でも重要な役割を果たしています。

現在、421Lab.における広報の手段としては、主に、広報誌の発行、SNSの活用、学内へのアナウンスがあります。広報誌は年間を通じて数種類を発行しています。新入生向けの421Lab.紹介パンフレット、各地域プロジェクトの活動内容を記したガイドブック、421Lab.の1年間の活動成果をまとめた報告冊子、そして学生運営スタッフ自身が企画・編集して発行する421Lab.の情報誌などがあります。学生運営スタッフは、こうした広報誌を教職員と協力したり、あるいは自分たちだけで発行したりしています。原稿記事を執筆することはもちろんのこと、各広報誌のコンセプトに合わせた企画や取材を重ねて作成していきます。これらの作業は非常に時間と労力のかかる仕事ですが、担当する学生は何度も企画を練り直し、校正を繰り返しながら広報誌を作り上げていきます。そうした学生運営スタッフの頑張りによって４２１Ｌａｂ．の活動が発信され、多くの人々の手に渡ることになります。

一方、広報誌と比べると情報量は減りますが、よりタイムリーに４２１Ｌａｂ．の活動を発信しているのがＳＮＳによる広報です。一般的に広く使われているＳＮＳメディアを用いて、日々の４２１Ｌａｂ．や各プロジェクトの活動の様子を発信しています。ＳＮＳによる広報は一見手軽なように見えますが、実のところ、世間への影響力の大きさから、プライバシーの保護や投稿内容の精査にとても気を使います。全ての投稿を教職員がチェックすることはできませんので、担当する学生運営スタッフが責任を持って運用しています。こうした情報とのかかわり方という点では、ＳＮＳを通じた広報はとても勉強になる仕事のひとつだと言えます。ＳＮＳにまつわる問題は多くありますが、それをクリアすれば、やはりその効果は大きく、多様な情報を多くの人々に伝えることができます。ＳＮＳの運用は、近年の広報業務のなかでも、

各プロジェクトの活動をWEBで発信する
学生運営スタッフ

ますます重要になってきています。

広報の仕事としてもうひとつ取り上げたいのは、学内における様々な活動です。それらは、より直接的な形で421Lab.の活動を学内に伝えるものとなっています。例えば、新学期に新入生に向けて実施する地域活動説明会やオリエンテーションなどは、何か新しいことを始めたいと考えている新入生に対して、とても重要な情報提供の機会になっています。また学生運営スタッフは、年間を通じて地域活動の募集に関するポスターなども作成し、掲示を行っています。ポスターには手書きのイラストなども添えられ、堅くなりすぎない若者らしいポップなデザインとなっていて、その出来栄えにはいつも感心させられます。こうして学生運営スタッフは学内の学生に向けて地域活動の情報を提供し、さらに、実際に応募や相談に来た学生に対しても応対します。同じ学生という立場なので、応募に来た学生も緊張することなく、安心して様々な相談や質問ができているようです。

学生運営スタッフの仕事として最後に取り上げるのは、③学生運営スタッフ自身の地域活動です。普段から421Lab.の運営や地域で活動する学生をサポートしている学生運営スタッフですが、実はスタッフ自身もまた、地域での活動に積極的に参加しています。自らも地域活動を経験することで、421Lab.の学生プロジェクトに対しても、よりよいサポートができると考えているからです。

現在、学生運営スタッフが参加する地域活動には3つのタイプがあります。ひとつは、学生運営スタッフが団体として参加し、活動するものです。地元の行政や市民センターなどと連携し、お互いが協力して地域での活動を行います。近年の具体的な活動としては、市民センターでの子供向け講座の運営や地元のお祭りへの参加、また小学校への出張イベントといったものがあります。市民センターでの子供向け講座のように年間を通じて実施するものもあれば、地域からの要望に応じて随時実施するものもあります。共通することは、学生運営スタッフはそれぞれの活動に対してプロジェクトを組んで実施するというところにあります。プロジェクトですから、学生運営スタッフは複数人でチームを構成し、企画から当日の運営までを担うことになります。こうした地域での活動は、直接地域への貢献にもなり、大きなやりがいを感じるものとなっています。

一方、学生運営スタッフの地域活動には、当日参加型の活動もあります。これは、プロジェクトを組んだ中長期的なものではなく、いわゆる1日単位で参加する地域ボランティア活動となっています。これが学生運営スタッフによるふたつめの地域活動になります。前述のように、４２１Ｌａｂ.には日頃から多くの地域活動に関する募集案内がきますが、そうしたなかで学生運営スタッフの参加が望ましいものにはできるだけ参加するようにしています。例えば、地域活動に初めて参加する学生が多く、ベテランの学生運営スタッフが一緒に参加したほうがよいものや、学生運営スタッフにとっても貴重な学びや経験が得られる場合などです。当然、その参加は強制ではなく、各学生運営スタッフの関心、また時間的に都合がつく範囲での参加になっています。ただ、学生運営スタッフの中には、年間かなりの回数、こうした地域活動に参加している人も多くいて、地域の方々との信頼関係も構築されています。そうした学生運営スタッフは、４２１Ｌａｂ.にとっても貴重な存在となっています。

最後は、学生プロジェクトへの参加を通じた地域活動です。先にも述べたように、学生運営スタッ

昼休みには学生が421Lab.に入りきらず、
廊下でミーティングを行うことも

フは４２１Ｌａｂ.に所属する学生プロジェクトにも参加して、共に地域活動を行っています。学生運営スタッフが学生プロジェクトに参加する理由は、学生運営スタッフとして学生プロジェクトをサポートするうえで、やはりプロジェクトの地域活動をしっかり理解しておく必要があると考えられるためです。地域で長期にわたって活動する学生プロジェクトが一体どのようなものなのか、また実際にどのような課題を持ち、どのような目標を立てて活動をしているのか、といったことは活動してみないとわかりません。自ら経験することで初めて、学生運営スタッフの立場に戻った時に必要となるサポートを提供することができると言えます。一方で、学生運営スタッフは自分たちのサポート業務をうまく進めるためだけに学生プロジェクトに参加しているわけではありません。学生運営スタッフは、自らの意思で参加したい学生プロジェクトを選びます。どのプロジェクトに参加するかは自由ですし、参加しないことも可能です。プロジェクトの理念に共感し、一緒に頑張っていきたいと思うプロジェクトに参加します。ですので、学生運営スタッフは学生プロジェクトのメンバーとしても熱心に地域活動に取り組んでいます。学生運営スタッフと兼務をしているからといって手を抜くようなことはありません。そのため、学生運営スタッフの中には、学生プロジェクトのリーダーに抜擢される人もいます。当然、そうした学生は、学生運営スタッフと学生プロジェクトの両立が必要になり、非常に忙しいスケジュールをこなさなければなりません。しかし、２つの活動を通じて得られる経験は相乗効果となって大きな学びと成長をもたらしています。

以上のように、学生運営スタッフは４２１Ｌａｂ．において様々な活動を担い、重要な役割を果たしてくれています。４２１Ｌａｂ．の開設当初、学生運営スタッフの人数は11人でしたが、その後、毎年多くの学生が参加してくれるようになり、いまでは50人を超えるまでになっています。そして、いつも学生運営スタッフ全員で各学生プロジェクトや教職員を支えてくれ、４２１Ｌａｂ．にとって、いなくてはならない存在となっています。また学生運営スタッフが４２１Ｌａｂ．の業務に参加してくれることで他の学生たちにとっても４２１Ｌａｂ．が身近な存在になり、地域活動に対して過度に気負うことなく参加してくれるようになりました。これはとても大きな貢献であり、成果であったと言えます。

学生運営スタッフとしての経験と学び

ここまで見てきたように、日々様々な仕事をしてくれる学生運営スタッフですが、４２１Ｌａｂ．での活動は本人たちにとっても貴重な経験と学びになっているようです。はじめは緊張し、戸惑いを隠せなかった新人の学生運営スタッフたちも、先輩たちの立派な振る舞いや業務遂行の能力を間近で見ることで未来の自分の姿を想像できるようになり、次第に学生運営スタッフとして求められる行動がとれるようになってきます。また前述のように、学生運営スタッフのほとんどは自らも学生プロジェクトに参加し地域活動を行っていますが、そこでの地域の方々との交流や協働作業は一人の社会人としての意識を高める機会にもなっています。とりわけ、地域の社会的な課題の解決に向けて世代やバックグラウンドの異なる人々と一緒に活動をしていくなかで、学生運営スタッフの多くは非常に高いレベルでの協調性や主体性、倫理観や責任感を持つに至ります。こうした学びは、教室内での講義やサークル活動などとは異なった次元の学びであると言えます。

こうして421Lab.では、教職員、学生運営スタッフ、また地域で活動する学生たちが深く関わりあいながら互いに協力し、そして、貴重な経験と学びを得るに至っています。学生運営スタッフと接していると、文字通り、日々成長していくのが分かります。日常的な行動や言葉遣い、チームメンバーとしての自覚、他のスタッフとの協力姿勢、リーダーシップ能力の向上など、大学生として身に着けてほしい能力が備わっていきます。尊敬できる先輩、気の置けない仲間、経験豊かな地域の人々、頼ってくれる後輩、チャレンジングな課題、充実した大学からのサポートなど、まさに非常に恵まれた環境のなかで大きく成長していきます。こうした好循環のプロセスが421Lab.の醍醐味、そして魅力であるかもしれません。

さらなる飛躍にむけて

最後に、421Lab.の今後に向けた課題について述べておきたいと思います。これまで見てきたように、現在の421Lab.と学生運営スタッフを取り巻く状況は比較的良好ですが、全く問題がないわけではありません。当然、いくつかの取り組むべき課題が存在します。ここでは、より早急に取り組むべきだと考えられる２つの課題について述べたいと思います。

まずは学生運営スタッフの体系的な教育・育成プログラムの開発です。学生運営スタッフは皆とても優秀ですが最初から能力が高いわけではありません。421Lab.にとって、いなくてはならない存在になるためには、やはり相応の時間がかかります。また、すぐに一人前の学生運営スタッフになれる学生もいれば、少し時間がかかる学生もいます。そこで421Lab.では、学生運営スタッフの全員が着実に成長するためのサポートを実施しています。先輩の姿を見て学べ、ということでなく、on the jobでの指導、および座学や研修などを定期的に実施しています。たとえば座学では、ボランティアリーダー養成講座やファシリテーション講座といったセミナーへの参加を支援したり、大学に外部講師を招いて必要な知識やスキルを学んでもらったりしています。また、学生運営スタッフと同じような活動をしている大学生が参加する研修会などにも参加してもらったりしています。このような集まりは年に３～４回あり、主に１、２年生の参加をサポートしています。学生運営スタッフはこういった講座や研修プログラムなどへの参加を通じて必要とされる知識やスキルを身に着けるとともに、学生運営スタッフとしての責任感や使命感などを養っていくことになります。ただ、その一方で、これらの研修は全体として体系化されているわけではありません。例年実施しているものもあれば、年度によって実施状況や内容が異なる場合もあります(例えばそれは予算上の問題であったりもします)。今後、学生運営スタッフのさらなるレベルアップをはかるためには、どのような研修をどのように継続実施していくのか、ということを考えていかなければなりません。また、そのためには研修の実施効果を測定し、かつ評価していくことが求められますが、それらはいまだ手探りの段階です。こうした課題についてしっかり検討していく必要があると言えます。

もうひとつは、伝統と革新のジレンマとでも言うべき問題です。学生運営スタッフは、421Lab.の設立と同時に生まれました。全くゼロからのスタートであったため、設立時期のメンバーたちは、「自分たちがすべきことは何だろう」ということを自問しながら活動をしてきたと言います。企画する事業の目的、他の学生への支援のあり方、教職員との関係性、そして、自分達自身の存在意義そのものについてスタッフ同士で話し合い、悩み、試行錯誤を重ねながら、その答えを見つけようとしてきました。そのような努力の積み重ねのなかで、学生運営スタッフとしてのあるべき姿、また果たすべき役割などが確立されてきました。そして現在、それらは伝統となり、各学生運営スタッフに受け継がれています。学生運営スタッフとしての強みは、まさにここにあると言えます。しかしながら、このような蓄積は、時として新たなものを生み出すうえでの足かせとなります。先輩がつくりあげた仕組みや文化が現役の学生運営スタッフにとって自明なものとなってしまい、後輩たちは、それを引き継ぐことが仕事であると考えるようになってしまいます。確かに421Lab.の運営に携わっていくうえで過去の仕事を引き継ぐことは重要です。また、既存の仕事の効率的な進め方を追求していくことも必要となります。しかし、それだけでは十分ではありません。大学と地域をつなぐためには多様なアプローチが必要であり、学生運営スタッフは421Lab.の教職員と共に、その可能性を常に考えていかなければなりません。そして、そのためには伝統に縛られることなく、常にあたらしいものを求める姿勢が重要になってきます。そのようなマインドを学生運営スタッフに持ち続けてもらうことが、これからも421Lab.が発展していくうえで大切なことであり、教職員にとっての大きな課題だと考えています。

最後に
―421Lab.と学生運営スタッフのこれから―

2010年の設立以降、421Lab.と学生運営スタッフは地域と大学をつなぐ存在として大きな役割を果たしてきました。地域との関係を開拓し、地域で活動する学生をサポートし、また自らも地域での活動を行ってきました。そうした活動を続けてきたことで地域から信頼を頂き、良好な関係性を構築してきました。また学生たちも地域での活動から多くを学び、大きな成長を遂げてきました。
地域貢献を通じて次世代を担う人材を育成することは421Lab.の当初からの理念ですが、それはいまも引き継がれています。新たな地域と大学のあり方を目指し、421Lab.と学生運営スタッフの奮闘は続いていきます。

注1　赤澤清孝（2017）「大学ボランティアセンターの歴史と動向」かながわ政策研究・大学連携ジャーナル№11、pp25〜28。
注2　421Lab.の設立当初の経緯については、眞鍋和博（2015）『「自ら学ぶ大学」の秘密—地域課題にホンキで取り組む4年間』に詳しい。
注3　以上のような方法で地域活動の情報は広く学内に周知され、関心を持った学生は応募のために421Lab.を訪れることになります。421Lab.では、職員や学生運営スタッフが地域活動の内容や活動を行うにあたっての諸連絡を伝え、その後、学生は地域に出向くことになります。活動が終わると「地域活動報告書」を提出してもらい、活動は終了となります。
注4　地域での活動が本格的に始まると、421Lab.の教職員は、その活動状況を随時把握し、必要に応じてアドバイスやサポートを行います。
注5　2018年現在。これは、設立当初から比べて、増えつつも整理されてきたもの。

第6章

地域の発展と大学の役割

―421Lab.の視界から―

眞鍋　和博

成長の場としての421Lab.

「成長する」というのはどういうことなのでしょうか。発達心理学やキャリア形成に関する理論をひも解くところからまとめの章をスタートしてみたいと思います。

発達心理学者エリクソンは、多くの大学生が該当する「青年期」の発達課題は「アイデンティティの確立」としました。そして多様な経験からの試行錯誤を繰り返し、その都度効果的な振り返りを行うことで、アイデンティティの確立につながるとしました。[注1]エドガー・シャインが提唱した「キャリア・アンカー」は以下の3つの問いに対する自己イメージの相互作用で形成されます。才能と能力（何ができるのか）、動機と欲求（何がやりたいのか）、態度と価値（どのようなことをやっている自分に意味を感じるのか）。またその成熟には、現実の職種について十分な経験を重ねていって、能力、動機、価値観をよく理解する必要があるとされていて、多くの時間と経験を要することが言われています。

しかし、多種多様な諸経験をし、その都度意味のあるフィードバックを受けることを繰り返していけば、ずっと早く発達するとも言われています。[注2]このように、エリクソンやシャインの理論から、多種多様な経験とその意味づけの繰り返しが、確固たるアイデンティティを確立させ、キャリア意識の醸成に寄与すると言えるのです。421Lab.は学生に多種多様な経験をすることができる場所を準備し、かつ、同僚、先輩後輩、教員、そして地域の方々からの絶え間ないフィードバックの機会を得ることができます。このことは、まさに学生のアイデンティティの確立に寄与し、将来にわたるキャリア・アンカーを醸成することに貢献していると言えるのではないでしょうか。

一方で、多くの「普通の」大学生の学生生活を考えてみると、大学における講義やサークル、アルバイト先、自宅のトライアングルエリアを移動する日常ではないでしょうか。学生生活に関する調査によると、講義への出席率が近年高まっていると言われています。[注3]「自由を謳歌する」と言われた大学生活から、文字通り「学校」としての大学になりつつあるようです。また、多様性を担保することの重要性が叫ばれている中、学校内にそのような状態を創り出すことは非常に難しいことです。もちろん、近年では留学生や社会人学生の増加、またアクティブ・ラーニングの推進など、他者との接点の機会は以前の大学よりも増していると言えます。しかし、それは所詮大学内のお話です。老若男女、国籍、障害の有無等々、社会には多様な人たちが生活しています。学校は社会の一部であるけれども、社会そのものではないのです。だとするならば、多様性の担保にも限界があります。また、アルバイトを行っている学生が非常に多いことは周知のとおりですが、大学生にとって「仕事」をするということは、責任が伴うことであったり、様々な顧客と相対しなければならなかったり、税金を納めることであったり、大学生としての役割をある意味越えた社会的な役割を持っています。しかし、大学生が普段よく行っているアルバイトは、汎用的な仕事が多く、またマニュアル化されているかどうかはさておき、ルーティン業務が多いでしょう。すべてのアルバイトがそうだとは言わないものの、このような典型的な大学生のアルバイトでは、前述した多様な人、価値観に触れる機会は非常に少ないと言わざるを得ません。

次に自宅についても言及してみたいと思います。明確な統計はありませんが、筆者が10年に及ぶ大学教員歴においての学生との接点からは、実家通学する学生が増えてきているという印象を持っています。経済的な側面や交通の発達など様々な要因はあるのかもしれませんが、以前のような大学近くの「学生街」としての環境が薄れてきているように感じます。筆者自身が地方国立大学に在学していた頃は、県外出身者も多く、大学周辺に一人暮らしをしている率が非常に高かったように思います。夜な夜な誰かのアパートに集合し、酒を酌み交わしながら朝まで色々な話をしたものです。学生同士互いに深いコミュニケーションをとる中で、様々な考え方があることを知りえたと言えるでしょう。

近年の大学の「学校化」、学生のアルバイトへの負担増、学生街の衰退といった環境の変化が、大学生が多様な価値観に触れる機会を減少させているのではないでしょうか。421Lab.はそのような大学生の現状に風穴を開け、地域プロジェクトやボランティア活動を通じて、学生にとっての4番目の居場所を提供することがその機能の1つと言えます。

第2章の分析からも見られるように、421Lab.への参加動機としては決して「成長したい」「学びたい」という自己成長意欲に裏付けられたものではなく、「新しいことを始めたかった」「楽しそう」といったような比較的気楽な参加動機を示す学生も多いようです。1つは在籍者の1／3にあたる約2000人の学生が登録をしているように、421Lab.の学内での認知度や学生にとっての心理的距離の近さなどから、明確な成長意欲を持っていない学生にとっても視界に入ってくる組織であることが言えるのかもしれません。いずれにしても、大上段に構えて地域活動の門をたたくというよりは、人生において経験しておきたい１つの機会としてとらえていると考えられます。

しかし、現実は楽しいだけの経験で終われるわけではありません。いくつかの障壁を必ずといって良いほど経験することになります。もちろん、壁の高さ低さは人によってもタイミングによっても様々ですが、それを乗り越えようとした者だけが、成長の果実を得られると言っても過言ではないことが421Lab.のこれまでの知見が物語っています。楽しいことが目白押しの大学生活では、壁にどう対処するかは基本的に本人に委ねられています。421Lab.は学生の自由意思での参加を基本としている為、続けるか否かはひとえに学生によります。そのような中で重要な役割を示すのが、コーディネーターである特任教員です。単なるサークルであれば、先輩後輩同僚の励ましやアドバイスを得ることで、壁に対処する意欲が担保されることもあるかもしれません。しかし、421Lab.は専門的な知見と豊富な経験を有した特任教員のサポートを受けることができるのです。現状を整理し経験を言語化する中で学生の心理的変化を促す。その心理的変化は行動の変化に繋がりそれが成長へと繋がっていくのです。他にも421Lab.には成長の「場」としての機能が盛り込まれています。それが学生運営スタッフの存在であったり、年間を通じて実施される研修であったり、受け入れ先をはじめとする様々な外部からの評価等が、地域活動に参加している学生には日常的に提供される機能です。このような「場」が用意され、認知非認知に関わらずその恩恵を受けつつ成長が促進されるのです。

学生たちのそれぞれのストーリー

さて、第1章では3人の学生の421Lab.に関わるストーリーが示されました。もちろん、年間300人程度がプロジェクト活動に参加している421Lab.においては、この3人はごく一部の学生のストーリーに過ぎません。しかし、例年多くの学生と時間を共にする中で筆者が体感する学生たちのストーリーには共通点が多いように感じます。それを、「参加動機」「踊り場」「成果」の3つの側面から述べてみたいと思います。

まず、421Lab.への参加動機です。Mさんは大学受験の失敗、Nさんは社会貢献意欲、Oさんは高校時代の経験の昇華、といった動機でした。いずれも、「成長したい・経験したい」といった動機付けが背景にあることは通底していると考えられます。421Lab.の活動への参加は学生の自由意思に委ねられるものであるために、このような動機を元々備えていない学生には421Lab.は目にも止まらない存在でしょう。高等学校から大学への大きな環境の変化を経験し、大学では思い切り遊ぼう、サークル活動で楽しもう、資格試験を頑張ろうといったような考えを持っている学生にとってはどんな場所なのかさえ知る由もありません。一方で、社会体験による自己成長意欲と社会貢献意識を備えている学生にとっては421Lab.は魅力的な場所と映るでしょう。

次に事例の3人はいずれも、活動が停滞もしくは一時的に後退する時期を経験していることが注目に値します。このことは、この３人の事例だけでなく、多くの学生に見られる現象です。この「踊り場」にも様々なケースがあります。プロジェクトがうまくいかない、メンバー間の軋轢、自身の慣れや飽き、責任のある立場への昇格、地域側からのクレーム等です。活動自体に慣れたり人間関係を形成したりする導入時期を経ると、充実した活動が展開される時期がやってきます。しかし、その充実を打ち壊すような出来事が発生し、苦境に立たされます。多くの学生、プロジェクトに寄り添ってみると、ほぼ確実にこのような展開となります。問題は、この「踊り場」に差し掛かった時にどのように対応するかということです。大別すると「逃げる」か「立ち向かう」かです。前者の学生は、それ以降プロジェクトに参加しなくなるというのが通常でしょう。繰り返しになりますが、４２１Ｌａｂ．の活動は自由意思に基づくものであるため、参加も自由なら辞めるのも自由です。もちろん、辞めた学生がその後にどうなったかは分かりません。他の何かで自分の居場所を発見できた学生もいるかもしれませんが、学生生活において迷走が続く学生もいるかもしれません。逆を述べるなら、この「踊り場」から逃避せずに乗り切った学生だけが「成長」という果実を実感しているともいえるでしょう。

最後は、成果についてです。成果をどのように感じるかは人それぞれ様々ですが、事例の３人は代表的な成果を語ってくれています。自己の変化の実感と、明確な進路・職業観の醸成です。前者では、リーダーシップの発揮、変化し続ける存在になれたことなどを学生たちは語ってくれていました。後者では、まちづくりへの興味、ジェネラリストになりたい、等です。

以上のように、３人の学生たちのストーリーは４２１Ｌａｂ．にこれまで関わってきた学生たちの成長プロセスとその将来を代弁してくれていると言えるでしょう。

キーマンとしてのコーディネーター

第4章では、コーディネーターの役割とその重要性に言及しています。それは421Lab.の正式名称「地域共生教育センター」に端的に表現されています。つまり、地域と大学が共に「教育」に関わるということです。平成21年度に文部科学省「大学教育・学生支援事業　大学教育推進プログラム【テーマA】」に採択を受けた際の申請書には、「(仮称)北九州市立大学ボランティアセンター」として記述していました。[注4] その後、この組織にどのような機能を持たせるのか、どのような活動を展開するのか等、何度も議論が交わされました。単に学生たちをボランティアに派遣するための窓口ではなく、地域での活動を通じて学生を育成するという教育組織であるべきであるという意見が大勢を占めました。当時は、ボランティアセンターを設置している大学は全国に散見されましたが、それを教育組織として明確に位置づけている大学はほとんどなかったように記憶しています。これは、同年4月に設置した地域創生学群の影響が大きくありました。学部組織として、地域活動を必修科目としてカリキュラムの中心に位置づけた野心的な学部でしたが、第1期生の入学後の地域での活躍は目を見張るものがありました。そこで、地域において地域創生学群以外の学生が多種多様な経験ができるような教育的な機関の設置を望む声が出てきたのです。加えて、様々な地域課題が顕在化している北九州市において、その解決に向けて学生と共に地域も成長することを大学として支援する必要性にも言及されました。こうして、名称は「地域共生教育センター」となり、正課ではありませんが大学としての教育組織として位置づけることが決定しました。[注5] そして、専任教員や特任教員の配置を決め、学生と地域側双方の教育をその使命としたのです。

この２つの使命は４２１Ｌａｂ.のコーディネーターの役割を非常に重要で難しいものにしています。学生教育の側面では、地域側との共同作業によるプロジェクト設計、プロジェクト進捗中の学生への関与、その他環境整備等々、その業務は複雑かつ多岐にわたります。プロジェクト設計においては、より学生の学びが大きくなるように、成長の度合いが大きくなるように、地域から寄せられる課題を学びの大きい「プロジェクト」へと昇華させなければなりません。単なる「無償の労働力」というボランティア的な側面から、活動を通して学びを獲得するＳＬ（サービス・ラーニング）やＰＢＬ（プロジェクト・ベースド・ラーニング）といった教育プログラムへ変化させていくのです。

それでは、教育的要素とは何でしょうか。本文中にも示されているように、４２１Ｌａｂ.では汎用的能力の獲得が重視されています。多様な人たちと協働することによって磨かれるコミュニケーションに関連した能力、データを取得したり観察したりすることから育まれる課題発見能力、様々な障壁を経験しながらも最後までプロジェクトをやり遂げる忍耐力やストレス耐性など、地域活動は学生たちの汎用的能力の獲得に大きく寄与することは異論を挟みません。では、なぜ汎用的能力の醸成が必要なのかについて、ここでは2つの側面から言及してみたいと思います。1つは、汎用的能力が現代社会において働く上で求められる能力であるからです。単にマニュアルに従って生産したり、サービスを提供する仕事から、複雑な状況から課題を抽出し、その原因を探り、解決策を考え実行して次に活かす。これを様々な価値観や考え方を持った人たちと協働する仕事へ急速に変化しました。AIの進展はそれをさらに加速させることになるでしょう。また、その変化のスピードも加速するでしょう。このような変わりゆく労働環境の中でパフォーマンスを発揮する人材の要件として汎用的能力の獲得が叫ばれているのです。

しかし、筆者はあえてもう1つの側面から汎用的能力醸成の重要性に言及してみたいと思います。それはシチズンシップ教育[注6]に代表されるような、今後の社会を持続可能なものにするために必要なのが汎用的能力であると考えます。2015年に国連で採択されたSDGsは、地球の持続可能性に警鐘を鳴らし、私たちの世代が「地球を救える最後の世代になるだろう」と述べています。[注7]SDGsは経済面だけにとどまらず、社会や環境といった側面にも注目し、その3つのバランスのとれた発展を志向します。つまり、地球市民一人ひとりが現状を正確に把握し、社会の持続性に正当な危機感を抱き、人々が手を取り合ってその解決に向けて行動するために汎用的能力が必要だと考えます。

421Lab.のコーディネーターの業務範囲は、地域側の教育にも及びます。それはまさに地域の自立を促すためのサポートです。421Lab.は日々地域から様々な相談が数多く寄せられます。もちろん、学生ボランティアの派遣という機能を有するため、ボランティアの依頼が多いのは事実ですが、単なるイベントやボランティア派遣に留まることも少なくありません。地域の賑わいづくりを行うために補助金を使ってイベントを行うので、その際のボランティアを学生から派遣して欲しいといった内容が典型的でしょう。地域の発展とは何でしょうか。鶴見和子は、「発展は与えられるのではない。自己のうちにある生命力や可能性を自覚的に創発させる自己啓発の努力である」と述べました。[注8]その言葉を言い換えるなら地域に存在する資源を地域の人々自らが発見し、それを育て、地域の魅力を醸成することに他ならないでしょう。現在のわが国は相変わらず東京一極集中であり、地方の若者は学校を卒業すると、大都市に移動し仕事を得る者が少なくありません。[注9]それは地方に仕事がないからであるとされることが多いようですが、本当にそうでしょうか。眠っているかもしれない地域資源が新たな産業として発展するかもしれないし、地方でしかできない新たな産業もあるでしょう。つまり「無い」と諦めるのではなく「探す」「見出す」ことが重要であると考えます。そこには地域の人々の自立が不可欠です。もちろん、時には外部の力を借りることがあっても良いと思いますが、自分たちの地域を再定義するのは自分たちの力でないとできません。前述のようなイベントに単に学生を借り出すだけでは、地域の自律には程遠いでしょう。このように考えると、地域社会の現状・課題の把握、その原因の追究、原因を除去する手立ての検討、実行、振り返りとその後への発展、といったプロセスをイメージしつつ、地域の未来の在り様を地域の方々と共に考えるコーディネーターの姿が浮かび上がってくるでしょう。

以上のように、４２１Ｌａｂ.のコーディネーターは、単にボランティア派遣のコーディネートにとどまらず、学生の成長の促進という教育面のタスクと、地域の自立を促すという地域側の教育のタスクという2面を持っています。他のどの仕事にも見出しにくい非常に難しい稀有な立場です。

地域における大学のあり方

421Lab.を設置してまもなく10年が経とうとしています。地域創生学群の設置や大学間連携共同教育推進事業として取り組んだ「北九州まなびとESDステーション」[注10]の存在を含めて、文字通り大学が地域社会の一員になりつつあると感じています。その背景や理由を421Lab.と地域との連携という側面から考えてみたいと思います。

どうすれば地域との良好な関係を築くことができるのか。5つのポイントを示したいと思います。1つは、学生の活動が地域の日常に組み込まれることです。活動の頻度と言えるかもしれません。週に1回、月に1回でもいい。定期的に地域を訪問し地域の方と顔を合わせて何かを行う。学生の活動が恒例になることが肝要であると考えます。このことは、学生と地域の方との関係構築という面でゆるぎない強さとなるでしょう。2つ目は、活動の継続性です。第3章では子どもの見守り活動の終息の事例が示されましたが、地域と持続的に活動のフィールドを持ち続けるためには、ある大学生個人のパフォーマンスに依存するのではなく、大学の組織としての対応が必要不可欠です。学生は卒業していくので次の世代に活動を繋ぐためには組織のサポートが重要なのです。3つ目は、学生の力です。地域の方に不快感を持たれないようなマナーや立ち居振る舞いはもちろんのこと、学生ならではの企画力、アイデア、行動力など、学生としての長所を十分に地域で発揮することや、発揮できるようなフィールドが準備できるかどうかが重要となります。以上のような、大学、学生側のポイントに加え、4つ目として、地域受け入れ側のキーマンの存在が欠かせないことをあげたいと思います。大学、学生がいくら活動したいと考えても、地域側に覚悟を持った受け入れ担当者の存在がなければうまくいきません。地域に存在する様々な課題を自分たちの課題としてとらえ、それを何とかして解決したいと強く考えている担当者が必要なのです。また、地域側も一枚岩ではありません。学生の活動に否定的な意見も当然のように存在します。そのような人と学生の間を取りもつことも重要です。このように、大学・学生側のポイントと地域のキーマンの存在という4つのポイントが担保されると、学生の中に当該地域の運営主体者としての自覚が生まれ、もっとこの地域をよくしたい、関わりたいと思うようになります。これが最後のポイントです。つまり、このような条件が揃うことで、学生のシビックプライド[注11]が醸成されると考えます。

本学の地域連携に関係している組織では、上記の5つのポイントを担保することを目指してきました。その結果、今では北九州地域の中では本学はなくてはならない存在になったと言えるところまできました。2015年に策定された「北九州市まち・ひと・しごと創生総合戦略」の中に大学や大学生との協働が前提となっているものがいくつも立てられていることや、現在でも421Lab.には毎月10件程度の地域からの相談が寄せられることがその証左です。これまでの大学と地域との関係と言えば、先進的な科学技術を駆使してダイナミックに社会を変革する商品やサービスを生み出すことや、批判的に地域をとらえることが主流だったかもしれません。それが大学の役割であり機能だったと思います。しかし、本学は地域における新たな大学像を示そうとしていると考えます。それは、地域と大学が伴走し、一歩先ではなく半歩先の社会を地域の人々と共に見出していく、その為のサポートを行う大学という像です。もちろん、その像の中心にいるのは大学生です。本学の地域活動を行う大学生が、まさに大学と地域との新しい在り方を体現してくれているのではないでしょうか。

未来にむけて

本学が立地する北九州市のみならず、世界各地で社会課題が顕在化し地球・社会の持続可能性が脅かされている今、北九州市立大学ではその解決に向けて行動できる人材を育成するべく様々な取り組みを展開しています。最後のパートでは新たな展開について述べていきたいと思います。

まずは、421Lab.が所管組織となっている「副専攻環境ESDプログラム」です。2015年度にスタートしたこのプログラムは、環境に関する幅広い知識を学ぶ、実体験を通して学ぶ、環境未来都市を目指す北九州市を学ぶという3つの特色を有しています。カリキュラムは「ESD演習」などの必修科目に加えて、いのちと自然、きずなと社会、くらしと環境という3つの分野に配当されたＥＳＤに資する科目を履修していく構成になっています。その内容は、環境技術、防災、ジェンダー問題、アジア諸外国の状況等々幅広く設定されています。例年80人程度の学生が履修していますが、これを全学のカリキュラム変更に合わせて２０１９年度から新しいカリキュラムを構築するべく準備を進めています。演習科目の充実などがその柱です。

次に、ＳＤＧｓを学内に普及、啓発することです。筆者は２０１８年度の学内の競争的資金である「学長選考型特別研究推進費」の採択を受け「キャンパスＳＤＧｓ」を展開しています。このプロジェクトには学生、教職員合わせて約30人が参加しています。ＳＤＧｓとは何かをレクチャーやゲームを通じて学んだ後に、参加者がチームを組み学内に存在するＳＤＧｓに資する取り組みを取材、その内容を記事にして大学ホームページに掲出する取り組みです。２０１８年度中に約40のＳＤＧｓに関する取り組みが紹介される予定です。参加者にはＳＤＧｓに対する知識を得ただけでなく、本学についての理解が深まったことや、教職員学生間の交流が図れたという効果が生まれています。

２０１９年度には本学は社会人のための新しい教育プログラム「i-Design コミュニティカレッジ」を開講予定です。自分の人生を切り拓く挑む力の再確認、地域や社会との関係性を的確に捉え、リーダーやコーディネーターとして活躍するステップにする、この2つを目的とした社会人のための学びの場です。人生１００年社会と言われる昨今、生涯学習の拠点として大学の知見を地域社会に還元していきながら、地域の方々に学修の機会を提供し地域社会のリーダーを養成していくことは大学の使命であると考えます。

2009年度に設置された地域創生学群を始点として、地域共生教育センター、北九州まなびとESDステーションと、学生たちによる地域課題の解決に向けた実践活動が本市において欠かせない存在となりました。更なる充実に向けてESDやSDGsを理解した人材の育成に力を入れようとしています。これまでの大学の地域における存在意義は、新しい科学技術や理論をある意味「押し付けて」いたのかもしれません。我々の取り組みはそのような地域における大学のあり方に一石を投じていると考えます。大学が地域と「伴走」する。それは一足飛びでの地域の課題解決ではないかもしれません。しかし、地域の方々と日常を共有しながら共に試行錯誤すること自体が、学生たちのホスピタリティやシビックプライドを刺激し、結果的に地域社会にとってプラスになると考えます。そのような大学のあり方を今後も追求していきたいと思います。

注1『新版生涯発達心理学 ―エリクソンによる人間の一生とその可能性』バーバラM・ニューマン、フィリップR・ニューマン著　福富護訳　1988年　川島書店。

注2『キャリア・アンカー　自分の本当の価値を発見しよう』エドガーH・シャイン著　金井壽宏訳　2003年　白桃書房。

注3　関西大学が行った学生調査によると、「授業にほとんど出席している」と回答した学生は平成23

年調査で72・１％だったものが、平成27年調査では80・９％と８・８ポイント上昇している。関西大学２０１５年度学生生活実態調査報告。

注４　同事業で「地域創生を実現する人材育成システム」として採択を受け、３年間の補助事業を展開した。地域創生学群での学生ポートフォリオの導入、まちなかラボの出店なども同事業の主な事業であった。

注５　プロジェクト活動を通年にわたって行う学生のうち、希望をすれば「プロジェクト演習」という単位が一部付与される。しかし、ほとんどの学生は単位取得を希望しない。

注６　佐貫浩は、我が国の市民性形成教育の必要性をイギリスのシチズンシップ教育を通じて述べている。それによるとシチズンシップ教育とは「生徒を社会に効果的に参加させ、情報をきちんと処理して批判的な行動責任を担う能力を形成する」としている。『学校と人間形成』佐貫浩著　法政大学出版局　２００５年。

注７　『持続可能な開発のための２０３０アジェンダ』の日本語仮訳では、その全文№50で「我々は、(中略)地球を救う機会を持つ最後の世代になるかも知れない」と記されている。

注８　『〈新版〉内発的発展論とは何か　―新しい学問に向けて』鶴見和子、川勝平太著　藤原書店　２００８年。

注９　株式会社マイナビ『２０１９年卒　マイナビ大学生Ｕターン・地元就職に関する調査』によると、地元就職希望率は年々低下傾向になることが示されている。

注10　２０１２年度文部科学省大学間連携共同教育推進事業に『まちなかＥＳＤセンターを核とした実践的人材育成』として採択を受け、北九州市の中心商店街である魚町商店街内に共同のキャンパスを開設した。２０１７年度からは北九州市が同所の運営を引き継いでいる。

注11　自分自身が関わって地域を良くしていこうとする、当事者意識に基づく自負心。『シビックプライド —都市のコミュニケーションをデザインする』読売広告社都市生活研究局著　伊藤香織他監修　宣伝会議　２００８年。

ラボ・レター（あとがき）

9年前、著者の一人である眞鍋和博先生から地域と大学をつなぐ実践的な教育を全学生に提供する新しい組織を作る構想を聞きました。「今までにない新しい組織」という言葉に惹かれ、一般企業に勤めていた私は、転職という大きな決断をし、地域共生教育センターの立ち上げに携わりました。

与えられたのは倉庫でした。まず、最初の仕事は、倉庫だった場所を改装するところから始まりました。まさにゼロからのスタートの中で、同じ特任教員の奥村貴仁氏らと理想や夢を語り合う中で、421Lab.というネーミング、ロゴやデザインにもこだわり、「ボランティア＝カッコいい」という雰囲気づくりにも力を入れました。

当初は単位もつかない課外活動に学生が集まるのか、ボランティア（地域活動）をして何の役に立つのか、という不安が尽きませんでした。また、新しい組織に対する風当たりは強く、必ずしも歓迎ムードではない状態からのスタートでしたが、地域の方々や学生、教職員のご協力により、約10年かけて本書に描かれたような活気ある場となりました。

しかし、この10年で、社会環境や経済環境などの厳しさは増しているように感じられます。地方創生が叫ばれる現在において、大学はどのような役割を果たしていくべきなのでしょうか。また、地域とどのようにかかわっていくべきなのでしょうか。

地域資源としての大学、研究フィールドとしての地域。これが本センターでの10年を振り返ってみて分かってきたことです。地域は様々な課題を抱えています。その課題に対して、研究機関としての大学は、大学の知を実践する場として地域を活用することになります。地域と大学の相互作用を通じて、課題が解決したり、新たな知が生まれたり、学生が伸びたりしていくという好循環が生じていくのです。そこで重要なのは、どちらかが上でどちらかが下というような上下関係でなく、対等で適度な緊張感を持ちつつも信頼できるパートナーという関係をいかに構築し、維持し、展開していくかというように思います。

このように地域全体がまなび場となっていくには、そして地域が活性化していくためにも必要になってくるのではないでしょうか。

とするのならば、これからの大学の評価は、偏差値や知名度、立地の良さといった表層的なポイントだけでなく、地域と真剣に向き合う覚悟と、地域と大学の双方を上手くコーディネートできる仕組みを持ち合わせ、どれだけ実践を積み上げているのかという点が重要なポイントとなってくるでしょう。

地域を強めるのも大学、大学を強めるのも地域。

私たちが目指す地域と大学との連携がさらに広がり、新しい教育手法として確立されることを願います。

最後にこの本の執筆にあたっては、取材した全てを本書でご紹介することはできませんでしたが、地域の方をはじめ、多くの学生の皆さんに取材のご協力をいただきました。

執筆のサポートとして大きな役割を果たしていただいた大島陽子さん。学内外の複雑な調整をいつも笑顔で引き受けて下さった本学地域・研究支援課の小嶺一彰係長。遅れがちな原稿を気長に待っていただき、編集者として的確な指示を出していただいた梓書院の前田司さん。私の出身である高橋秀直ゼミの修了生の皆様には、多くのご意見をいただきました。

その他多くの皆様のご協力のお陰で、本書を刊行することができました。この場を借りてお礼申し上げます。

平成31年1月30日

石谷 百合加

■執筆者紹介（執筆順）

高橋秀直（たかはし　ひでなお）　序章・第３章執筆

北九州市立大学大学院マネジメント研究科　准教授

一橋大学大学院商学研究科博士後期課程単位取得退学。修士（商学）。

公益財団法人医療科学研究所研究員を経て、2011年北九州市立大学大学院マネジメント研究科専任講師、2012年より現職。専門は、経営戦略などで、中堅企業や下位企業の競争優位性の確立について研究している。

坂本毅啓（さかもと　たけはる）　第１章執筆

北九州市立大学基盤教育センター　准教授

四天王寺大学大学院人文社会学研究科博士後期課程単位取得満期退学。

修士（社会福祉学）。

関西を中心に専門学校、短大等の教員を経て、2010年に地域共生教育センター准教授及び地域創生学群専任教員として着任。2015年に基盤教育センターへ所属変更。専門は社会福祉学をベースとした社会保障制度・政策論、地域福祉論、福祉教育実践論。

金丸正文（かなまる　まさふみ）　第１章取材

ライター / コピーライター / プランナー

西南学院大学法学部卒業。

上京後、音楽雑誌創刊、株式会社リクルート勤務を経て、フリーライターとして独立。30代半ばにして地元福岡へUターン。地域活性化をテーマに、自治体広報、採用広報、企業広報、大学広報、インタビュー記事などを手がける。

村江史年（むらえ　ふみとし）　第４章執筆

北九州市立大学地域共生教育センター　特任教員（コーディネーター）

大分大学教育学研究科修了。修士（教育学）。

大学院修了後、公益財団法人にてCSRを担当。企業や各種団体と連携しながら社会課題の解決を行ったり、通信制高校を立ち上げたりといった実務経験を経て、2015年度より現職にて勤務。研究テーマは防災意識の形成プロセスについて等。

石川敬之（いしかわ　たかゆき）　第５章執筆

北九州市立大学地域共生教育センター　准教授

神戸大学大学院経営学研究科博士後期課程修了（経営学博士）。

奈良県立大学地域創造学部准教授を経て、2015年より現職。北九州市立大学地域創生学群創生学類准教授を兼任。地域共生教育センターでは、学生運営スタッフおよび学生プロジェクトの指導、またセンター全体の運営を担う。「サービスラーニング入門」や「キャリアデザイン」などの講義を担当。専門は人材育成支援。

■編著者紹介

眞鍋和博（まなべ　かずひろ）　第6章執筆

北九州市立大学地域創生学群 教授、地域共生教育センター長

九州大学大学院人間環境学府教育システム専攻修了。修士（教育学）。

株式会社リクルート入社、企業の人材採用、大学生のキャリア形成プログラムの開発営業等を経て現職に。地域の活性化と大学教育の両立を目指す。

著書『「自ら学ぶ大学」の秘密 －地域課題にホンキに取り組む4年間－』（九州大学出版、2015年刊）

石谷百合加（いしたに　ゆりか）　序章・第2章・第4章執筆

北九州市立大学地域共生教育センター 特任教員（コーディネーター）

北九州市立大学大学院マネジメント研究科修了。経営学修士（専門職）。

航空会社、株式会社リクルートでの実務経験を経て、2010年より現職にて勤務。地域共生教育センターの立ち上げから携わり当センターの運営の仕組みを作り、実習先のコーディネートや学生指導を行っている。研究テーマは地域活動を通じた学生の成長について等。

まちがキャンパス
― アクティブ・ラーニングが学生と地域を強くする ―

2019年4月20日　初版発行

著　者　眞鍋和博　石谷百合加　高橋秀直　坂本毅啓
　　　　金丸正文　村江史年　石川敬之

発行者　田村志朗

発行所　株式会社 梓書院
〒812-0044 福岡市博多区千代3-2-1
Tel 092-643-7075
Fax 092-643-7095

印刷・製本 ㈱シナノ印刷

ISBN 978-4-87035-645-0